Harald Havas

Kurioses
Österreich

Harald Havas

Kurioses Österreich

UNGEWÖHNLICHES • UNBEKANNTES • UNGLAUBLICHES

METROVERLAG

Encyclopædia Austriaca

VORWORT

Nachdem ich mich nun schon einige Jahre mit diversen Kuriositäten, weltweit wie lokal, beschäftige, kann ich mit Fug und Recht sowie aus Inbrunst der Überzeugung und mit einigen weiteren veralteten Redewendungen behaupten, dass Österreich ein besonderer Hotspot für Seltsamkeiten aller Arten ist.

Das kann ich auch deswegen so forsch sagen, weil ich nach meinem ersten Buch dieser Art, dem „Wiener Sammelsurium", für die Spielefirma Piatnik ein Kreativ-Quiz-Reinlegspiel gleichen Namens erfand, das auf eben jenem Buch basierte. Das Spiel war recht erfolgreich und wuchs sich nach und nach zu einer richtigen Serie aus: Erst folgte das „Österreichische Sammelsurium"(-Spiel), dann das „Schweizer Sammelsurium"(-Spiel), das „Bayrische Sammelsurium" (-Spiel) und schließlich das „Berliner Sammelsurium"(-Spiel). Und obwohl ich berichten kann, dass die Schweizer, etwas weniger die Berliner und noch um einiges weniger die Bayern über skurrile Eigenheiten bis hin zu einem gut entwickelten Hieb im Kopf verfügen, schießen die Österreicher in diesem Dreiländereck eindeutig jeden vorhandenen Vogel ab. Folgerichtig fiel es mir nach drei Büchern über das besonders seltsame Wien im Metroverlag („Kurioses Wien", „Furioses Wien" und „Unglaubliches Wien") auch nicht weiter schwer, meine Forschungen auf das gesamte Bundesgebiet auszudehnen. Das Ergebnis was 2013 das Buch „Der Mann, der den Neusiedler See trocken legen wollte", in dem ich mich den Seltsamkeiten der Gesamtheit der Alpen-Donau-Republik, vordergründig von dessen Bewohnern und Bewohnerinnen – von sehr tot (etwa Maria Theresia) über ziemlich tot (etwa Falco) bis recht lebendig (etwa Dagmar Koller) – annäherte.

Dass damit der heimische Karpfenteich an kapitalen Absurditäten noch bei Weitem nicht ausgeschöpft war, bewies mir die Arbeit an diesem Buch.

Wie schon zuvor vermische ich also auch hier (mir) schon länger Bekanntes (Komplettleser mit absolutem Gedächtnis mögen mir verzeihen) mit (mir) bisher nur in Ansätzen Bekanntem und recht vielem auch (mir) ganz Neuem, Unerhörtem, Unerwartetem und vor allem Unbeschriebenem. Ich kann sogar behaupten, dass ich mich beim Schreiben eines meiner Bücher schon lange nicht mehr selbst so amüsiert habe wie bei diesem! Einige Sachen sind auch einfach gar zu schön. Ich hoffe natürlich, dass sich das auch auf Sie, geneigte Leserin, geneigter Leser, überträgt und Sie mindestens so viel Spaß beim Lesen von „Kurioses Österreich" haben wie ich beim Schreiben.

Noch kurz zur korrekten Benutzung dieses Buches, dessen Aufbau dem „Neusiedler See"-Buch und somit wieder völlig uneitel der „Encyclopædia Britannica" folgt. Soll heißen, es gibt eine „Micropedia" mit lexikalischen Kurzeinträgen (von Attnang-Puchheim bis Zwentendorf), die von eingestreuten Einträgen der „Macropedia" mit längeren Artikeln zu wichtigen Hauptthemen unterbrochen wird.

Die Reihenfolge des Lesens bleibt dabei Ihnen überlassen, wobei ich Blättern und Schmöckern empfehlen würde. Gefolgt natürlich von einem stringenten Auflesen der Lücken. Wofür Sie sich auch immer entscheiden, ich wünsche Ihnen jedenfalls viel Spaß auf Ihrer Reise durch das kuriose Österreich.

Harald Havas, 2014

Die Kaiserin und der Gleiswechsel

Abgesehen von der lautmalerischen Schönheit des Namens (irgendwie erscheint ein gelegentlich knallender Kleinwagen der 1950er-Jahre vor meinem inneren Auge), ist der an sich kleine Ort Attnang-Puchheim praktisch jedem von Westen mit der Bahn nach Wien Reisenden bekannt. Hier kommt es nämlich regelmäßig zu Aufenthalten. Ich selbst hatte hier im Frühjahr mit einem Regionalzug eine längere Stehzeit und konnte so in aller Ruhe und ausführlich die Schönheiten des Attnang-Puchheimer Bahnhofs betrachten. Gefühlt eine Ewigkeit, praktisch aber zu kurz, um sich den Sehenswürdigkeiten der Stadt zu widmen, etwa dem Schloss Puchheim, einst als Feste Puchheim der Stammsitz des Rittergeschlechts der Puchheimer. Und auch so mancher international Reisende wird sich hier verweilend wohl fragen, wieso er zwischen Salzburg (Mozart, Trapp-Familie) und Linz (VOEST, Ars Electronica) gerade an diesem Ort zum Stehen gekommen ist. Nun, die Erklärung für die Aufenthalte liegt nicht an der nicht ganz so gewaltigen kosmopolitischen Bedeutung der Stadt – obwohl hier immerhin das

Grab der Mutter der letzten österreichischen Kaiserin Zita von Bourbon-Parma, Maria Antonia von Bourbon-Parma (geborene Maria Antonia Adelheid von Portugal beziehungsweise ganz korrekt: Dona Maria Antónia Adelaide Camila Carolina Eulália Leopoldina Sofia Inês Francisca de Assis e de Paula Micaela Rafaela Gabriela Gonzaga Gregória Bernardina Benedita Andreia de Bragança), liegt, das die Exkaiserin auf Erlaubnis von Bruno Kreisky einst 1982 besuchen durfte, obwohl sie die Thronverzichtserklärung nicht unterschrieben hatte –, sondern weil Attnang-Puchheim ein Bahnknotenpunkt mehrerer Strecken ist. Weshalb sogar IC-Züge halten. Ein weiterer Grund waren früher die Gleiswechsel. Denn da der Osten Österreichs im Bahnbereich noch lange Jahre nach dem Zweiten Weltkrieg im Linksverkehr betrieben wurde, während der Westen Jahrzehnte früher auf Rechtsverkehr umgestellt worden war, gab es notgedrungen an den Übergängen Gleiswechselpunkte. Neben Attnang-Puchheim etwa auch in Bruck an der Mur.

Zehn Kilometer Salzburg

BIRNLÜCKE, SALZBURG

Dass Osttirol nicht an Nordtirol angrenzt, ist den meisten einigermaßen geografisch versierten Österreichern durchaus bekannt (siehe Makroeintrag → *Enklaven und (Ex-) Exklaven Österreichs*). Weniger bekannt ist allerdings warum. So kann man mit „Wetten, dass Salzburg an Italien grenzt?" so manch guten Euro machen. Denn tatsächlich liegt es an Salzburg und der etwas eigenartigen Form des Landes, dass die beiden Tirol innerhalb Österreichs voneinander getrennt sind. Irgendwann hat mir mal jemand erzählt, vielleicht sogar ein Lehrer, dass das Land Salzburg jene besondere, sozusagen dreiarmige Form hätte, weil die Fürsterzbischöfe einst versucht hätten, durch Landerwerb mit ihrem Territorium … möglichst nahe an Rom heranzukommen. Und nachdem es in die eine Richtung nach einiger Zeit nicht mehr weiterging, versuchte man es in die andere Richtung. Darum erstrecken sich heute angeblich zwei Arme (oder Beine) von Salzburg-Stadt aus in südöstliche beziehungsweise südwestliche Richtung. Der eine Teil reicht bis Tamsweg, der andere berührt tatsächlich die italienische Grenze – früher aber tatsächlich nur den nordöstlichen Zipfel von Südtirol. Heute liegt diese Grenzregion im

Nationalpark Hohe Tauern. Und es gibt keinen echten Grenzübergang zwischen den Ländern. Es sind auch nur gut zehn Kilometer Landesgrenze, die hier die Osttiroler von den Nordtirolern trennen beziehungsweise das Salzburgische mit dem Italienischen verbinden. In dem auf dieses Grenzstück zulaufenden Tal auf italienischer Seite, dem Ahrntal oder Valle Aurina, befinden sich noch einige Ortschaften, die letzte größere ist Prettau / Predoi beziehungsweise sind es einige Häuser, bevor die Straße (SS 621) bei Knappenberg/Casere endet. Auf der österreichischen Seite befindet sich ... nichts. Außer zwei winzige Bergseen und ein paar Berghütten. Und der Grenzpass auf 2.665 Metern, der den Namen „Birnlücke" trägt. Dieser hat übrigens, bei der hochalpinen Umgebung logisch, nichts mit Birnen zu tun, sondern rührt von einem sprachlichen Missverständnis her. Denn früher (sogar bis 1888) wurde der Pass „Pyrlücke" genannt, was sich auf den Namen Pirra beziehungsweise Birlbach im Ahrntal bezieht. Und das war's auch schon mit Österreichs kürzester Außengrenze eines Bundeslandes. Aber immerhin eine Berührung von Salzburg und einem von Rom verwalteten Gebiet – in gewisser Weise also ein später Triumph der Fürsterzbischöfe.

Drei Schwänze am Bodensee

BREGENZ*, VORARLBERG

Neben den Salzburger Festspielen gehören die Bregenzer Festspiele zu den weltweit bekanntesten, nun, Festspielen Österreichs. Jedes Jahr im Juli und August bieten sie 80 Veranstaltungen von Oper über Ballett bis Musical an verschiedenen Veranstaltungsorten. Der prominenteste ist natürlich die Bregenzer Seebühne, 1950 mit 6.500 Plätzen errichtet und mit mittlerweile 7.000 Plätzen die größte Seebühne der Welt. Ihren größten internationalen Ruhm errang die Seebühne allerdings, und das mag angesichts jahrzehntelanger beachtlicher künstlerischer Leistungen an diesem Ort jetzt unfair erscheinen, durch einen Auftritt als Kulisse für einen James-Bond-Film. 2008 kraxelte Daniel Craig (beziehungsweise sein Stuntman) für „Ein Quantum Trost" in der Kulisse von „Tosca" (ja, die mit dem Riesenauge) herum. In der 50-jährigen Geschichte der Bond-Filme, neben diversen Skidrehs in den Alpen, war das erst das zweite Mal, dass 007 offiziell eine österreichische Stadt und deren Wahr-

---

* Da über jede Landeshauptstadt Österreichs natürlich sehr viel, eventuell sogar Buchfüllendes, zu berichten wäre, beschränken sich die Einträge hier auf einige spezielle Fakten.

zeichen besuchte. Oder besser bekletterte: In „Der Hauch des Todes" turnte nämlich Timothy Dalton bereits 1987 auf dem Wiener Riesenrad. Übrigens wurde 2014 erneut in Österreich an einem neuen Bond gedreht, diesmal aber im ländlichen Osttirol, wo (Stand: Verfassung dieses Buches) immerhin 25 Minuten der Handlung inklusive Flugzeugabsturz und Explosion eines Holzhauses stattfinden sollen.

Doch zurück nach Bregenz. Bregenz liegt am Bodensee und beansprucht mit fast der Hälfte der gesamten Uferlänge Österreichs an diesem Gewässer sämtliche Seerechte am drittgrößten See Mitteleuropas für unser Land. Zum Vergleich: Deutschland besitzt 173 Kilometer Ufer, die Schweiz 72 und Österreich, nun, 28. Am Bregenzer Ufer befindet sich übrigens auch einer der letzten acht „Pilzkioske" (und der letzte in Österreich), eine früher im ganzen deutschen Sprachraum sowie in Italien und Griechenland verbreitete Art von Kiosk in Fliegenpilzform, die einst zur Ankurbelung des Verkaufs von Milchprodukten geschaffen wurde. Weshalb sie auch als „Milchpilze" bekannt waren.

Nach dem Pilz die Zwiebel: Auf dem Martinsturm in Bregenz befindet sich seit 1601 die größte Turmzwiebel Mitteleuropas. Das Gebäude ist übrigens das erste Barockbauwerk am Bodensee und im Inneren mit gotischen Fresken geschmückt (ja, ich bin auch verwirrt). Nicht weit davon entfernt, in der Bregenzer Kirchstraße 29, befindet sich auch noch die schmalste Hausfassade Europas, sie ist 57 Zentimeter breit. Sapperlot aber auch.

Das Wappen von Bregenz stellt ebenfalls eine Besonderheit

dar, es ist nämlich historisch gese-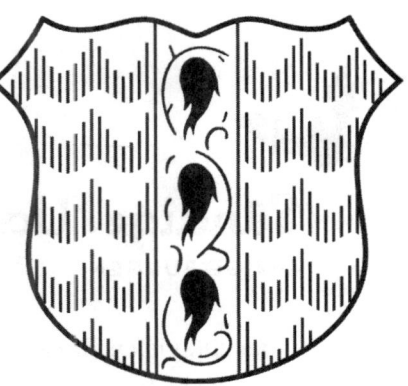
hen ein „Pelzwappen“, also ein
Schild, das früher mit Pelz überzo-
gen war. Daran erinnern heute nur
noch symbolische Zeichnungen
darauf. Links und rechts stellen
Striche auf blauem Grund die Pelz-
art „Kürsch“ dar (siehe das burgenländische Wappen im Makro-
eintrag → *Von weißen Panthern und spanischen Adlern*). Die
silberne Mitte ist aber auch in der Darstellung nicht komplett
bepelzt, sondern eher seltsam bekritzelt. Laut offizieller
Beschreibung stellt dieser Teil einen „silbernen Pfahl mit
drei Hermelinschwänzchen“ dar. Tierschutz hin oder her,
die Originalvorlage dieses Schildes würde ich echt gern mal
in natura sehen.

Sündige Vampire
EINIGE BURGEN

Über die vielen Burgen und Schlösser in Österreich könnte man ganze Bücher schreiben. Stopp, es wurden und werden auch jede Menge Bücher darüber geschrieben. Hier deshalb nur ein paar punktuelle Highlights in der Riege der Steingemäuer.

Die **Burg Hochosterwitz** (Sankt Georgen am Längsee, K), urkundlich bereits 860 erwähnt, ist seit ihrem Umbau im 16. Jahrhundert wohl eine der optisch beeindruckendsten Burganlagen Österreichs. Ein langer, von Mauern gesäumter Steinweg führt teilweise im Zickzack, teilweise spiralförmig auf den Berg und wirkt aus der Vogelperspektive fast wie ein steinernes Schneckenhaus. Der Weg wird von 14 Toren unterbrochen beziehungsweise bewacht, wobei jedes Tor seinen eigenen Namen hat und eigene bauliche Charakteristika, bis man die eigentliche Burg auf dem steilen Dolomit-Felsen erreicht. Ein früher für Feinde kaum zu überwindender und auch noch heute für Touristen recht beschwerlicher Weg. Es gibt zwar einen „Hintereingang", der ist dafür aber ziemlich steil. Seit 1993 kann man die Burg nun auch per Aufzug, korrekt Schrägbahn, besuchen. Quasi

eine kleine Schwester des Lärchwand Schrägaufzugs am Stausee Kaprun (S), seines Zeichens der größte offene Schrägaufzug Europas und „das personenbefördernde Schienenfahrzeug mit der größten Spurbreite der Welt". Der Name der Festung hat übrigens weder mit Ostern noch mit Witzen zu tun, er leitet sich von *Ostrovica*, „die Scharfe" oder „die Kantige", ab.

Die nächste Burg ist eine Ritterburg und irgendwie auch wieder nicht. D. h. sie ist schon eine, aber keine echte, sondern ein – mittlerweile auch schon etwas in die Jahre gekommener – Fake-Bau. Denn ihr Gründer Nepomuk Graf Wilczek (Makroeintrag → *Weltumspannende Kolonialmacht Österreich*) war ein fleißiger Förderer wissenschaftlicher, sozialer (Mitbegründer der Wiener Rettung) und künstleri-

scher Bestrebungen. Für seine große Kunstsammlung ließ er zwischen 1874 und 1906 eine veritable Ritterburg in der Nähe von Korneuburg erbauen, die ihm als Museum diente. Heute erfreut sie zahllose Wiener und niederösterreichische Schulkinder als Ausflugsziel zu einer „echten" Ritterfestung: **Burg Kreuzenstein** (bei Leobendorf, NÖ). Aber immerhin wurde sie auf den Ruinen einer echten mittelalterlichen Burg gleichen Namens errichtet. Jedenfalls eignet sich die (falsche) Burg hervorragend als Filmkulisse. Einige Beispiele hier gedrehter Streifen:

1956: „Kaiserjäger" (Heimatfilm, Regie Willi Forst)
1967: „Im Schloss der blutigen Begierde" (Horrorfilm, Regie Adrian Hoven)

1970: „Gebissen wird nur nachts" (Vampirkomödie, Regie
Freddie Francis)
1972: „Die Stoßburg" (Sexfilm beziehungsweise Softporno,
Regie Franz Marischka)
1993: „Die drei Musketiere" (Mantel-und-Degen-Film,
Regie Stephen Herek)
2011: „Der letzte Tempelritter" (Mystery-Abenteuerfilm,
Regie Dominic Sena)

Immer wieder entdeckten auch das Fernsehen (Stichwort
„Tom Turbo") und Musikvideo-Regisseure das Schloss als
Kulisse. Die letzten prominenten Dreharbeiten dort fanden
2009 für den mehrteiligen Fernsehfilm „Die Säulen der
Erde" statt. Auch 2014 wurde die Burg Kreuzenstein wieder
vom Fernsehen genutzt, diesmal als Hintergrund für die
Fantasy-Reality-Show „The Quest".

Auch ein Fake ist die **Franzensburg** auf der Insel im Schloss-
teich des Schlossparks Laxenburg, was man an den Ziegeln
unter dem immer wieder abbröckelnden Putz besonders
leicht erkennen kann.

In der **Burg Forchtenstein**
(bei Forchtenstein, B) kann
man ein Gemälde, genauer
ein seltenes Ganzkörper-
porträt von Vlad Tepes
III., genannt Vlad Dracu-

lea, bestaunen. Ja genau, der Vad Drăculea. Der Grund dafür liegt in der weitverzweigten Verwandtschaft des österreichischen Adels mit der lebenden Vorlage für „Graf Dracula". Fun Fact: Bram Stoker wollte seinen Roman ursprünglich in Österreich, vermutlich in der Steiermark, ansiedeln, und entschied sich erst später für das entferntere Transsilvanien.

Last, not least: Die 900 Jahre alte **Riegersburg** (bei Riegersburg, St) liegt auf einem erloschenen Vulkan.

Keine Franzosen

Der 1866 entstandene „Donauwalzer", eigentlich „An der schönen blauen Donau", ist die heimliche Landeshymne Wiens, das als einziges österreichisches Bundesland keine eigene offizielle Landeshymne besitzt (siehe Mikroeintrag → *Landeshymnen*). Außerdem ist der Walzer, neben dem „Radetzkymarsch", so etwas wie die Kennmelodie des jedes Jahr in die ganze Welt übertragenen Neujahrskonzerts der Wiener Philharmoniker. Während die Kraft der Musik unwidersprochen bleibt, werfen Titel und Text doch einige Fragen auf. Zum Ersten ist die Donau nicht blau. Um genau zu sein: Der österreichische Teil der Donau hat zwar viele Farben, blau gehört aber nicht dazu. Meistens ist die Donau in Österreich graugrün, manchmal braun … was daran liegt, dass der Zusammenfluss der deutschen Donau (die eigentlich schon als blau gilt, manchmal aber auch als gelb beschrieben wird) mit dem grünen Inn und der schwarzen (weil aus einem Moorgebiet kommenden) Ilz bei Passau zu einer Mischfarbe führt. Eine im Jahr 1938 durchgeführte Beobachtung ergab, dass die Donau an 75 Tagen des Jahres lehmgelb, an 74 Tagen dunkelgrün, an 47 Tagen hellgrün und an 16 Tagen braun war – blau aber nie.

Das deckt sich mit den Ergebnissen des Hydrografen Anton Bruszkay, der schon um 1900 zu ähnlichen und noch spezielleren Ergebnissen kam: „An elf Tagen braun, an 46 Tagen lehmgelb, an 59 Tagen schmutziggrün, an 45 hellgrün, an fünf Tagen grasgrün, an 69 Tagen stahlgrün, an 46 Tagen smaragdgrün und an 64 Tagen dunkelgrün."

Diese bittere Wahrheit wurde übrigens auch von Spike Jones, also jenem Musiker, der mit seiner Truppe bevorzugt Klassiker der Musikgeschichte mithilfe von Tröten, Kuhglocken, Autohupen und Pistolenschüssen zur Aufführung brachte, besungen. Im Jahr 1945 nämlich bearbeitete er Strauss' „An der schönen blauen Donau" und versah das Lied mit einem neuen Text, in dem es mehr als einmal heißt: „The Danube is not blue – it's green!"

Wie also kam es zum Blau des Titels? Johann Strauss selbst orientierte sich bei der Originalbenennung des Stücks an zwei Gedichten des ungarischen Dichters Karl Isidor Beck, in denen jeweils die Textpassage „an der schönen blauen Donau" vorkommt (im Gegensatz zu der als blond bezeichneten Theiß).

Im Originaltext zum Walzer fand der Titel zunächst keinen Widerhall. Er stammte vom Wiener Männergesangsverein und beginnt launisch (und geradezu unpoetisch) folgendermaßen:

B: Wiener, seid froh …
T: Oho, wieso?
B: No-so bli-ickt nur um –
T: I bitt, warum?
B: Ein Schimmer des Lichts …
T: Wir seh'n noch nichts!
B: Ei, Fasching ist da!
T: Ach so, na ja!
B: Drum trotzet der Zeit …
T: (kläglich) O Gott, die Zeit …
B: Der Trübseligkeit.
T: Ah! Das wär' g'scheit!
Was nutzt das Bedauern,
das Trauern,
drum froh und lustig seid!

Erst ein paar Jahre später bekam der Walzer einen neuen Text, man muss wirklich sagen, glücklicherweise:

„*Donau so blau,*
so schön und blau
durch Tal und Au
wogst ruhig du hin,
dich grüßt unser Wien,
dein silbernes Band
knüpft Land an Land,
und fröhliche Herzen schlagen
an deinem schönen Strand."

Notabene sei angemerkt, dass hier das Blau der Donau zwar ziemlich deutlich einzementiert wird, der Fluss in derselben Strophe allerdings auch als silbernes Band beschrieben wird. Da die Donau erwiesenermaßen (siehe oben) selbst nicht blau ist, ranken sich auch mehrere Gerüchte um den Titel. So wurde behauptet, es sei in Wirklichkeit ein Schmähtext gegen die Truppen Napoleons. Die Zahl der toten Franzosen, die nach der verlorenen Schlacht bei Dürnstein in der Donau schwammen, wäre danach so groß gewesen, dass der Fluss durch deren Uniformen blau erschien. Allerdings fand diese Schlacht bereits 1805 statt, was doch eine etwas große zeitliche Distanz für eine Schmähung darstellen würde.

Francos Rolls-Royce

DORNBIRN, VORARLBERG

In Dornbirn, unweit der nach einer seltenen Ibisart, dem Waldrapp, benannten Schlucht namens Rappenlochschlucht, steht das größte Rolls-Royce-Museum der Welt. Warum um Himmels Willen auch immer. Jedenfalls kann man dort, wo laut Museumsfolder einst Kaiser Franz Josef das erste Telefon der österreichisch-ungarischen Monarchie in Betrieb genommen hat, heute 100 Luxuskarossen und weitere 1.000 Exponate besichtigen. Unter anderem befinden sich in der Sammlung: ein Safari-Tourenwagen von King George V., die Limousine von King Edward VIII., der Landauer von Queen Mum, der sportliche Phantom II von Prinz Aly Khan, der

blaue Rolls-Royce von Malcolm Campbell, der Paradewagen von Diktator Franco, das Privatfahrzeug von F. H. Royce (einer der beiden Gründer und Namensgeber der Marke) sowie der Rolls-Royce aus dem Film „Lawrence von Arabien". Österreich, du hörst nie auf, mich zu erstaunen.

Keine Burgen mehr

EISENSTADT*, BURGENLAND

Eisenstadt ist nach Bevölkerungszahl (etwa 13.500) die kleinste Landeshauptstadt Österreichs, was der Stadt auch den Spitznamen „Bundeshauptdorf" eingebracht hat. Auf der Städteliste Österreichs belegt Eisenstadt Rang 43, hat aber drei verschiedene Autobahnausfahrten. Das liegt daran (also das mit der Kleinheit, die Autobahnausfahrten bleiben ein Rätsel), dass Eisenstadt nicht schon seit alters her ein überregionales Zentrum war. Ok, es gibt das Schloss Esterházy – dass Eisenstadt (ungarisch: Kismarton (Klein-Martin), kroatisch: Željezno) in den Plänen Altösterreichs aber nie wirklich eine wichtige Rolle eingenommen hat, kann man unter anderem daran erkennen, dass es keine direkte Eisenbahnverbindung von Wien aus gibt. Zwar gibt es eine Regionalbahn, die sich irgendwie am Neusiedlersee entlang Richtung Eisenstadt windet (und eine ähnliche Fahrzeit benötigt wie von Wien nach Linz), die südöstliche Hauptbahnverbindung aber weist von Wien schnurstracks nach

---

* Da über jede Landeshauptstadt Österreichs natürlich sehr viel, eventuell sogar Buchfüllendes, zu berichten wäre, beschränken sich die Einträge hier auf einige spezielle Fakten.

Ödenburg (Sopron). Und damit sind wir auch schon mittendrin in der Geschichte. Denn das heutige Burgenland gab es in dieser Form lange nicht. Erst nach dem Ende des Ersten Weltkriegs, als die diversen Länder der ehemaligen Donaumonarchie unter den neuen Nationalstaaten aufgeteilt wurden, kam das bislang von Ungarn verwaltete Burgenland nach Österreich. Zur Zeit der Verwaltung durch Ungarn umfasste es aber noch ganz andere Gebiete. So war es etwa doppelt so dick wie heute und von Nord nach Süd in drei sogenannte „Komitate" unterteilt: Wieselburg (Moson), Ödenburg (Sopron) und Eisenburg (Vas). Österreich beanspruchte nun die von deutschsprachigen Menschen bewohnten Gebiete, was die drei Regionen von Nord nach Süd ziemlich genau in der Hälfte teilte. Lange war die tatsächliche Aufteilung aber alles andere als fix. Zu Beginn der Nachkriegsverhandlungen war eine Region namens *Vierburgenland* geplant, mit deren vierter Burg überraschenderweise Pressburg (!) gemeint war, die heute unter dem Namen Bratislava bekannte Hauptstadt der Slowakei. Als jedoch klar wurde, dass es mit dem Vierburgenland nichts werden würde, schlug noch 1919 Dr. Karl Renner den Namen *Dreiburgenland* vor. Auch von diesen nach den Komitaten, siehe oben, abgeleiteten „Burgen" befindet sich heute keine einzige mehr auf österreichischem Gebiet. Das Zentrum der ganzen Region war jedenfalls immer Ödenburg, das heute mehr als viermal so viele Einwohner zählt wie Eisenstadt, nämlich über 60.000. Bei der Aufteilung nach dem Ersten Weltkrieg kam es jedenfalls gerade hier zu Streitigkeiten über die künftige Zugehörigkeit des Gebiets. Die Mehrheit der Region votierte für einen Anschluss an Österreich, die Mehrheit der zahlenmäßig stärkeren Stadtbevölkerung (man munkelt, es sei hier getrickst und manipuliert worden, aber das können auch nur revanchistische Gerüchte seien) sprach sich allerdings für den Verbleib bei Ungarn aus, womit auch die umgebenden Regionen zu Ungarn kamen. Optisch wirkt das auf einer heutigen Landkarte nun so, als wäre aus einer mehr oder weniger harmonischen Landfläche ein Eck herausgebissen worden. Außerdem stand das neue österreichische Bundesland nun ohne Hauptstadt da. Zudem mit einer etwas mangelhaften infrastrukturellen Verbindung zwischen dem Nord- und dem Südteil. (Näheres dazu im Makroeintrag → *Enklaven und (Ex-)Exklaven Österreichs)* Nicht einmal der Name war fix. So sollte das Gebiet nach manchen Plänen *Heinzenland* heißen, was auf den in Teilen des Burgenlands gesprochenen Heanzn-Dialekt (siehe Mikroeintrag → *Die österreichische Sprache*) verweist. Schließlich blieb es doch bei *Burgenland*, obwohl ja alle namensgebenden Burgen nun nicht mehr Teil des Territoriums waren. Aber es gab und gibt ja noch einige andere im Land …

Bei der Hauptstadtfindung jedenfalls war Eisenstadt nicht von Anfang an die erste Wahl. Bis 1925 war Bad Sauerbrunn die provisorische Kapitale des Landes. Erst dann fiel das Los auf das bisher eher unbedeutende Eisenstadt, wohl vor allem aufgrund der historischen Bedeutung der Stadt als Sitz der Familie Esterházy. Mittlerweile um alle wesentlichen Verwaltungsbauten ergänzt, ist die Stadt nun auch gut mit dem

Rest des Bundeslandes und auch mit Wien über Autobahnen und Schnellstraßen (und drei Auffahrten, erwähnte ich die bereits?) vernetzt. Nur auf eine sinnvolle Bahnverbindung warten Autoagnostiker immer noch.

Übrigens, wer schon immer mal in einem Zimmer schlafen wollte, dessen Wand eine echte Stadtmauer darstellt, kann das im Hotel Vicedom in Eisenstadt ausprobieren. Auch die Frühstücksterrasse ist direkt auf der Stadtmauer errichtet.

Und noch etwas: Das politisch traditionell rote Burgenland ist tatsächlich das grünste Österreichs. Nicht weniger als ein Drittel der gesamten Landesfläche steht unter Naturschutz.

Von Grotten und Pensionisten

Das Lustigste, was ich über Graz, immerhin Kulturhauptstadt Europas 2003, zu berichten habe, betrifft sein Wappen. Doch dazu steht schon alles im Makroeintrag → *Die Landeswappen der neun Bundesländer*. Auch recht amüsant finde ich die Tatsache, dass beim Grazer Uhrturm, dem bekanntesten Wahrzeichen der Stadt, großer und kleiner Zeiger vertauscht sind. Das liegt daran, dass die mit einem 300 Jahre alten Uhrwerk betriebene, nun, Uhr früher nur einen Stundenzeiger besaß. Wie Grazer Kinder abseits von Digitaluhren und Mobiltelefonen so korrekt lernen sollen, die Uhr zu lesen, ist mir eher schleierhaft.

Eine andere Geschichte, die die Grazer allerdings gar nicht so gerne hören, betrifft die Sprache der Stadt. An sich spricht man in der Steiermark Steirisch (siehe Mikroeintrag → *Die österreichische Sprache*). In Graz auch, aber irgendwie auch

---

* Da über jede Landeshauptstadt Österreichs natürlich sehr viel, eventuell sogar Buchfüllendes, zu berichten wäre, beschränken sich die Einträge hier auf einige spezielle Fakten.

wieder nicht. Das Grazerische hat nämlich, obwohl es die vokalreiche Melodik des Steirischen widerspiegelt, doch auch eindeutig etwas, pardon, Wienerisches. Genauer gesagt: Wienerisch mit Schönbrunner Einschlag. Das hat historische Gründe. Zur Zeit der Monarchie ließen sich nämlich besonders viele (hohe) Beamte in ihrer Pension in Graz nieder. Das Klima war südlicher, die Stadt übersichtlicher und wohl auch billiger, aber auch urban genug, um auf keine Annehmlichkeit verzichten zu müssen. Mitgenommen haben diese Pensionäre meist auch ihre Bediensteten, also Köche und Köchinnen, Diener und Stubenmädchen. Diese Kolonialisierung von Wiener Immigranten, die alle ein leicht nasal-hochherrschaftliches Schönbrunnerisch sprachen, führte, nach und nach aber nachhaltig, zu einer Veränderung des Grazer Dialekts. Sorry.

Graz ist weiters bekannt für seine dutzenden von Erzherzog Johann, dem größten Modernisierer der Habsburgerhierarchie seit Joseph II., errichteten Gebäude und Institutionen. Heute ist es außerdem die zweitgrößte Stadt Österreichs, liegt allerdings als Metropolregion hinter Wien und Linz an dritter Stelle. Dafür ist Graz aber das am schnellsten wachsende Ballungszentrum Österreichs der letzten zehn Jahre.

Noch was zum Schlossberg, der ist nämlich teilweise durchlöchert. Das heißt, es gibt in beziehungsweise unter ihm ein Stollensystem mit insgesamt 6,3 Kilometern Länge, 20 Zugängen und gut 12.000 Quadratmetern nutzbarer Fläche, das im Zweiten Weltkrieg von Zwangsarbeitern errichtet wurde. Und zwar als Luftschutzbunker für bis zu 50.000 Personen, für Lazarette und als Kommandozentrale. Die Stollen gibt es heute noch und sie werden mittlerweile unter anderem für den Schloßberglift, eine Märchengrottenbahn (!), einen Fußweg durch den Berg (Schloßbergplatz-Karmeliterplatz) und als Veranstaltungsraum („Dom im Berg") genutzt. Außerdem gibt es ein Grubenbahnmuseum, das aber nicht frei zugänglich ist, da es von einem privaten Verein betrieben wird.

Und noch etwas: Sollten Sie das Restaurant oder auch nur das Gebäude der sogenannten „Murinsel" besuchen, gehen Sie dort aufs Klo. Es – Stichwort Beleuchtung – lohnt sich. Zum Schluss noch etwas Tierisches. Graz ist auch die Heimstätte der ersten SB-Hundewaschstraße Österreichs. Für zwischen einen und vier Euro kann man hier den eigenen Bello rasch und nachhaltig  waschen und pflegen. Von Lackversiegelung und Unterbodenwäsche wird, soweit mir bekannt ist, jedoch abgesehen.

Austria erit in orbe ultima: Vom Nordmeer bis China

WELTUMSPANNENDE KOLONIALMACHT ÖSTERREICH

England beherrschte einst die halbe Welt. Und auch Frankreich war, was Überseeterritorien betraf, nicht weit hinten. Spanien und Portugal regierten Süd- und Mittelamerika. Dänemark besaß Island und Grönland. Und sogar Länder wie Belgien, Deutschland und Italien hatten immerhin ein recht beachtliches Stück Afrika unter Kontrolle.

Das Habsburgerreich dagegen war zwar eine der größten, wenn nicht zeitweise die größte unter einer Krone vereinte Monarchie im Gebiet Europas, mit diversen Exklaven etwa im süddeutschen Raum. Und später als Donaumonarchie auch das größte zusammenhängende Gebiet Europas (wenn man Russland nicht einrechnet).

Eine weniger bekannte Tatsache ist aber, dass der Doppeladler auch gelegentlich rund um die Welt österreichische Besitztümer überwehte. Allerdings eher kurzfristig. Und nicht so besonders ruhmreich.

Das bekannteste Gebiet der Monarchie außerhalb des europäischen Festlands ist wohl das Franz-Josef-Land. Obwohl es weder nennenswerte Bodenschätze noch auszubeutende Untertanen lieferte und kaum je von einem Österreicher betreten wurde, war es doch die wahrscheinlich wichtigste „Kolonie" des Reiches. Wichtig nicht durch ihren Besitz, sondern einfach qua ihrer Entdeckung.

Das Franz-Josef-Land (heute Russisch und Semlja Franza-Iossifa geheißen) ist eine Inselgruppe im Nordpolarmeer im Nordwesten Russlands (80° 38' 21" n. Br., 55° 33' 12" ö. L., nördlich der großen Doppelinsel Nowaja Semlja – oder vereinfacht gesagt: im Atlas etwas rechts oben von Spitzbergen) und wurde durch die österreich-ungarische Nordpolexpedition (1872–74) unter Julius von Payer und Carl Weyprecht am 30. August 1873 entdeckt und nach dem Kaiser benannt. Die erste der Inseln, die da entdeckt und betreten wurden, war die Gallia-Insel. (Eigentlich Hall-Insel, benannt nach dem Polarforscher Charles Francis Hall. „Gallia" oder „Gallja" ist dir russifizierte Form des Namens.)

Die Stelle der Erstentdeckung wurde Kap Tegetthoff (Mys Tegetchof, 80° 05' n. Br., 58° 01' ö. L.) genannt, nach dem Namen des Expeditionsschiffs, das in weiterer Folge wiederum nach dem bekannten Admiral benannt worden war. Im Zuge einer Nachfolgeexpedition (1898–99) wurde hier auch ein Gedenkstein errichtet.

Die Entdeckung dieses Archipels war deswegen so bedeut-

sam, weil es sich dabei um die erste große Landentdeckung
im europäischen Bereich der Arktis seit 277 Jahren handelte.
Und einen der letzten weißen Flecken der Weltkarte endgültig füllte. Der eigentliche Zweck der Reise war die Erfor-
schung einer Nordpassage durch das Eismeer. Dass da
plötzlich ziemlich viele Felsen mitten im Weg lagen, war
eher überraschend. Dennoch ergründeten die Forscher
sofort eifrig alles, was ihnen vors Fernrohr und die Sextan-
ten kam, und verteilten großzügig links und rechts Namen
für Inseln, Kaps und Berge – die fast alle auf Österreicher
oder Teile Österreichs verwiesen und in den meisten Fällen

noch heute ihre (ins Russische übertragenen) Namen haben. Die Forscher umschifften die Inseln aber nicht nur, sie drangen auch mit Schlitten in deren Eiswüsten vor, zuletzt auf der nach dem Thronfolger benannten Rudolf-Insel – bis über den 82. nördlichen Breitengrad hinaus. Da das Expeditions-

schiff, die „Admiral Tegetthoff", im Winter 1872/73 allerdings von den Eismassen eingeschlossen wurde, musste die eigentlich für länger geplante Mission aufgegeben werden und die Forscher begaben sich auf eine gefährliche Rückreise mit Schlitten und Booten über das Packeis. Allgemein bekannt wurde die Entdeckung durch das Buch „Die österreichisch-ungarische Nordpolexpedition in den Jahren 1872–74" (1876), verfasst von Julius von Payer selbst, einem der Expeditionsleiter, der seine Erinnerungen und Eindrücke auch in Gemälden dokumentierte – die einzigen, die je ein Polarforscher eigenhändig von seinen Reisen angefertigt hat. Diese Nordpolexpedition war durchaus auch ein wesentlicher Beitrag zur damals gerade intensiv stattfindenden Polarforschung – eben zwecks Tilgung weißer Flecken. Zwischen 1880 und 1905 fanden auch zahlreiche weitere Expeditionen internationaler Forscher zu dieser Inselgruppe, teilweise durch den Norweger Fridtjof Nansen, statt. Was die englischen und skandinavischen Benennungen des Rests der Inselgruppe erklärt. Tatsächlich gehörte das Franz-Josef-Land zur Auflösung der Monarchie und auch danach noch zu Österreich. 1926 wurde es durch einen militärischen Handstreich von der Sowjetunion annektiert. Jetzt ist es Teil des russischen Oblast (Verwaltungsbezirk) Archangelsk.

Das nach dem österreichischen Kartografen August von Fligely benannte Kap Fligely (Mys Fligeli) auf der Rudolf-Insel ist der nördlichste Landpunkt Europas und Eurasiens (81° 51' n. Br.) und nur etwa 900 Kilometer vom Nordpol entfernt. Näher am Nordpol liegen überhaupt nur noch die Nordspitze Grönlands und die Ellesmere-Insel (Kanada). Die Gesamtfläche der je nach Quelle 187 oder 191 Inseln beträgt 16.090 Quadratkilometer (also in etwa die Größe der Steiermark). Die größte Insel ist das Prinz-Georg-Land, das in einer späteren Expedition von einem britischen Forscher entdeckt und deswegen nicht nach einem österreichischen Georg, sondern nach George Frederick Ernest Albert von Sachsen-Coburg und Gotha, Prince of Wales, auch bekannt als König Georg V., benannt wurde. Die Inseln sind vulkanischen Ursprungs und zu über 80 Prozent dauerhaft eisbedeckt. Der höchste Punkt der Inseln hat 620 Meter und liegt auf der Wiener-Neustadt-Insel (was irgendwie lustig ist, aber schwer zu erklären).

Die Temperaturen liegen im Durchschnitt zwischen +2 °C im Sommer und -22 °C im Winter.

Zu Zeiten der Monarchie waren die Inseln, abgesehen von zeitweiligen Besatzungen durch Forschungsstationen, nur von folgenden kaiserlichen Subjekten bewohnt: Walrossen, Seehunden, Polarfüchsen, Eisbären, Meeresvögeln (Lummen, Krabbentaucher, verschiedene Möwenarten) sowie einigen Insektenarten. Neben eigenen Expeditionen wurde die eine oder andere Insel auch immer wieder von durchreisenden Polarforschern besucht oder als Zuflucht vor Winter und Schlechtwetter aufgesucht. Weiters gab es eine russische Forschungsstation, kurzfristig eine „geheime" Wetterstation der Nazis (Mitte 1943 bis Mitte 1944 in der Cambridge Bay auf Alexandra Land, Codename: „Schatzgräber") und später dann diverse russische Militäreinrichtungen. Abgesehen von einem zeitweise besetzten Geophysikalischen Observatorium auf der Hayes-Insel ist bis heute nur die Insel Alexandra Land bewohnt. Dort, im Ort Nagurskaja, befindet sich die nördlichste Grenzschutzbasis Russlands. Sie besteht aus Lagerhäusern, einem Flughafen, Garagen, natürlich einer kleinen Holzkirche und diversen Kasernengebäuden.
Zu den von Austro-Forschern österreichisch benamsten Hauptinseln des Archipels zählen:
die Rudolf-Insel (Ostrow Rudolfa), die Wiener-Neustadt-Insel (Ostrow Winer Nejstadt) und das Wilczek-Land (Wiltschek-Land, Semlja Wiltscheka; benannt nach dem wichtigsten Förderer der Expedition, Johann Nepomuk Graf Wilczek). Wer noch andere witzige Namen kleinerer Objekte mit Österreichbezug entdecken möchte, etwa die Klagenfurt Insel, die Teplitz Bucht oder das Kap Tirol (das auf der

Wiener-Neustadt-Insel liegt), der kann sich ja auf Landkarten oder Google Earth selbst auf eine Expedition begeben.

Oder selbst hinfahren. Denn nachdem die Inseln wegen des Kalten Krieges jahrzehntelang gesperrt waren, kann man sie inzwischen sogar touristisch bereisen, allerdings nur organisiert. So bietet etwa North Pole Voyages einen zweiwöchigen Trip mit mehreren Landgängen. Der Ablauf:

Tag 1: Einschiffung in Longyearbyen, Spitzbergen

Tag 2: Gletscher des 14. Juli, Krossfjord, Spitzbergen

Tag 3: Victoria Island, Franz-Josef-Land

Tag 4: Bell Insel, Kap Flora, Northbrook Insel, Franz-Josef-Land

Tag 5: Wilczek Insel, Kap Tegetthoff, Alger Insel

Tag 6: Kap Heller, Wilczek Land Insel, Stolichky und Appolonov Inseln, Franz-Josef-Land

Tag 7: Champ Insel, Tikhaya Bucht, Hocker Insel, Franz-Josef-Land

Tag 8: bis Tag 13: diverse Gebiete Spitzbergens Ausschiffung Longyearbyen

Die Fahrt auf dem luxuriös eingerichteten Forschungsschiff „Sea Spirit" kostet je nach „Kajüte" (eigentlich eher Suite) zwischen wohlfeilen 4.950 und schlappen 10.930 Euro. Der Trip findet pro Sommer zwei Mal statt und ist meist schon ein Jahr im Voraus ausgebucht.

Neben dem Franz-Josef-Land gibt es noch eine andere Inselgruppe in einer völlig anderen Weltgegend, die den Titel
„österreichische Kolonie" mehr verdient hätte. Wenn vielleicht auch nur ein wenig mehr. Die Rede ist von den Nikobaren, 8.338 Kilometer quer durch Asien weiter südlich
gelegen, im östlichen Teil des Indischen Ozeans. Diese
Gruppe umfasst, ähnlich wie ihre eisigen Gegenstücke, um
die 200 Inseln. Und vier davon waren von 1778 bis 1783, also
noch während der Herrschaft Maria Theresias, fünf Jahre
offiziell eine österreichische Kolonie. Und das kam so:
Die Kaiserin Maria Theresia und ihr mitregierender Sohn
Joseph II. wollten gerne, nach dem bekannten und durch
Zeit und Raum gültigen politischen Dogma „Wenn das alle
machen, dann will ich das auch!", so wie die anderen europäischen Großmächte eigene Kolonien oder zumindest
Handelsposten in Asien errichten. Dafür gründete die Kaiserin die „Ostindische Handelskompanie" in Triest („Société
asiatique de Trieste") und schickte unter der Flagge des
Heiligen Römischen Reichs ein paar Schiffe um die Welt.
Dafür engagierte man einen Holländer und Abenteurer
namens William Bolts, der zuvor wegen Opiumhandels aus
der Anglo-East-India-Company gefeuert worden war. Bolts
Plan war, unter falscher britischer Flagge „freies" Land in
Ostasien für Österreich zu erobern beziehungsweise zu kolonialisieren. Das gelang ihm auch mehr oder weniger. Er
segelte auf dem Schiff „Giuseppe e Teresa" (auch „Joseph et

Thérèse" oder „Joseph und Theresia" genannt, zuvor war es ein englisches Schiff, das „Earl of Lincoln" geheißen hatte) los. Und versuchte sein Glück zunächst in Südostafrika. Hier kaufte er im März 1777 einem Häuptling die Delagoa-Bucht (heute Maputo-Bucht, Mosambik) ab. Ein kleiner Hafen, der zuvor von der Niederländischen Ostindien-Kompanie verlassen worden war. Es wurde sogar eine veritable Befestigung errichtet, bemannt mit zehn Mann, und zur österreichischen Kolonie erklärt. Allerdings wurde sie weder jemals ausgebaut noch militärisch verstärkt, sie ging deswegen 1781, nach dem Beschuss durch zwei Fregatten, an Portugal verloren.

William Bolts fuhr inzwischen weiter Richtung Indien. Während er selbst gerade in Seringapatam mit dem Nawab von Mysore über Faktoreien in Mangalore, Karwar und Baliapatam (kurz: Südindien) verhandelte, schickte Bolts seinen Kapitän Bennet zu den Nikobaren. Obwohl eigentlich Dänemark Ansprüche auf diese Gruppe erhoben hatte, erwarb Bennet von den Ureinwohnern am 12. Juni 1778 vier der Inseln (Nancowry, Camorta, Trinket, Katchal) und erklärte sie ebenfalls zu österreichischen Kronkolonien. Allerdings bestehen auch Zweifel an der Legitimität des „Zessionsvertrags", der auf Seiten der Ureinwohner nur mit Fingerabdruck unterzeichnet wurde. Die Aufgabe, die Kolonie zu errichten und auszubauen, wurde jedenfalls fünf Österreichern unter der Führung des „Regenten" Gottfried Stahl, eines Deutschen, übertragen. Es wurden 200–300 Kolonisten und Militär zum Auf- und Ausbau der Kolonie in Aussicht gestellt – niemand kam je an. Vielleicht auch deshalb, weil gerade Maria Theresia starb (1780) und ihr Sohn Joseph II. als neuer Kaiser ganz andere Probleme hatte. Da sie also keine weitere Unterstützung aus der Heimat erhielten, wurden die Kolonisten schließlich von den erbosten Dänen abgeholt und nach Hause geschickt. Nach anderen Quellen starben sie an Krankheiten und Mangelernährung auf den Inseln, Gottfried Stahl 1783 als Letzter. So oder so, in jedem Fall bedeutete das zugleich das Ende der Kolonie. Die Nikobaren wurden danach zuerst von den Dänen, dann von den Briten und ab 1947 von Indien beherrscht beziehungsweise verwaltet. Eine der Inseln, Teres(s)a, benannt nach Maria Theresia, heißt aber noch heute so.

Auch die anderen Errungenschaften und Versuche Bolts' führten nicht weit. Nachdem die anderen Mächte ausreichend verärgert waren und Österreich seine Pläne und Unternehmungen nicht mithilfe einer starken eigenen Flotte durchsetzen konnte, löste Kaiser Joseph II. die Kompanie 1783 schließlich auf.

Fast hundert Jahre später, 1858, besuchte das Forschungsschiff Novara bei seiner berühmten Weltumsegelung auch die Nikobaren. Über diesen Besuch steht im Buch „Aufbruch ins Unbekannte" von Imre Josef Demhardt zu lesen: „Voll wehmütiger Erinnerungen trafen die Leute der ‚Novara' auf einen Häuptling als einziges ‚Überbleibsel' der ehemaligen Kolonie, der einen uralten Rock der seinerzeitigen Triester Nationalgarde trug." Nun ja.

Diese kuriose Episode österreichischer Geschichte hatte im

Jahr 2005 ein unerwartetes Nachspiel: Im Zuge der Tsunami-katastrophe vom 26. Dezember 2004 wurden auch die Nikobaren und Andamanen stark getroffen, mindestens 10.000 Nikobaresen starben, fast ein Drittel der einheimischen Bevölkerung. Unter ihnen auch die meisten älteren Bewohner der 60.000 Jahre alten Kultur.

Zwar mussten die Bewohner der Inseln im Zuge des Wiederaufbaus notgedrungen einen Sprung ins 21. Jahrhundert unternehmen, sie versuchten aber gleichzeitig, möglichst viel ihrer alten Kultur zu bewahren beziehungsweise wiederzuerlangen.

Und gerade hier spielte Österreich eine unerwartet wichtige Rolle: Durch die damalige Kurzzeitkolonialisierung besitzt das Österreichische Museum für Völkerkunde eine wichtige Sammlung nikobaresischer Objekte, die damals von Bolts' Männern getauscht, eingesammelt oder entwendet (was weiß man) wurden. Diese (zum großen Teil) Kultgegenstände wurden im Zuge der Katastrophen zusammen mit den Forschungsergebnissen des in Wien arbeitenden und aus Indien stammenden Humanökologen Simron Jit Singh, der die Inseln seit 1999 mehrmals besucht und das Leben, den Alltag und die Riten der dort Lebenden dokumentiert hatte, eine wichtige Informationsquelle für die Überlebenden. Die Arbeiten von Simron Jit Singh erschienen 2005 unter dem Titel „Die Nikobaren – Das kulturelle Erbe nach dem Tsunami" (Hrsg. Oliver Lehmann) im Czernin Verlag, der den Gewinn einer Gesellschaft für Wiederaufbau und Erhalt der Kulturen indigener Völker spendet.

Erstaunlicherweise gab es abgesehen vom Franz-Josef-Land, der Delagoa-Bucht und den Nikobaren noch einige weitere außereuropäische (mehr oder weniger) Kolonien des Habsburgerreiches – die allerdings auch alle nie besonders lange gehalten werden konnten.

Bei diesen Kolonien, oder besser Vorhaben zur Kolonisierung oder Errichtung von Handelsstationen, waren – wie bei anderen Großmächten auch – die sogenannten „Handelskompagnien" federführend. Und von denen besaß Österreich schon vor Maria Theresia einige.

Die „1. Orientalische Handelskompagnie" wurde bereits 1667 in Wien gegründet. Nach deren Auflösung 1719 entstand dann die „2. Orientalische Handelskompagnie", wieder in Wien. So richtig kolonial tätig wurde aber erst die 1719 in Ostende gegründete „Ostindische Handelskompagnie". Sie errichtete (mehr oder weniger) Kolonien unter anderem: in Indien (in Bankipur, Bengalen, ab 1722), an der Ostküste Vorderasiens, in Kanton (China), an der Koromandelküste (Cablou und Sadatpatnam südlich von Madras, 1719), hier wurde sogar eine Festung gebaut; zeitweise bestanden auch Stützpunkte in Nordafrika (Marokko bis Tunesien); es gab sogar konkrete Pläne, Madagaskar und Tobago (in der Karibik) zu erwerben.

Obwohl sich alle diese Besitztümer nie so recht als Kolonien und Faktoreien bewährten, setzte sie Österreich in der europäischen Großmachtpolitik gerne als Pokerchips ein, die für diverse politische Gegenleistungen, wie etwa die Anerkennung der pragmatischen Sanktion durch England, wieder an andere Mächte abgetreten wurden. Dennoch hielten sich die Kolonialträume bis zum Ende der Monarchie. Sogar noch im 19. Jahrhundert kam es zu weiteren Eroberungsversuchen. Ein paar Beispiele:

- 1874 entsendete Österreich die Korvette „Erzherzog Friedrich" nach Borneo, um den Geschäftsmann Gustav Freiherr von Overbeck zu unterstützen, der Land im Nordosten der Insel für die österreichische Monarchie kolonialisieren wollte. Es kam zu einem Kampf mit den Bewohnern des Gebiets und Österreich ließ die Finger davon. 1878 wurde daraus die englische Kolonie Britisch-Nordborneo.

- 1893 und 1896 planten zwei Schiffe (erst die Korvette „Saida" und dann das Kanonenboot „Albatros") auf der Pazifikinsel Guadalcanal, eine österreichische Kolonie zu errichten. Auch hier beendete ein Kampf mit den Einwohnern die Pläne. Die Insel wurde dann deutsch und später britisch.

- Ab 1901 besaß Österreich schließlich noch ein „Konzessionsgebiet" in der chinesischen Hafenstadt Tientsin (0,61 Quadratkilometer). Im Lauf des Ersten Weltkrieges aber wurde die Konzession 1917 von China wieder eingezogen.

- Obwohl es also in der Monarchie nie wirklich zu erfolgreichen Kolonien kam, gab es immer wieder (laut)starke Befürworter und mehr oder weniger intensive Lobbyarbeit. (Traum-)Ziele der Möchtegernkolonisatoren waren immer wieder Ostafrika (heute Sudan) oder Uganda. Ab 1894 gab es sogar eine eigene „Österreichisch-Ungarische Kolonialgesellschaft", die für ihre missionarische Tätigkeit neben Korrespondenzen, Pamphleten und Broschüren sogar eine eigene „Österreichisch-Ungarische Kolonialzeitung" herausbrachte.

- Die erfolgreichste unter den österreichischen „Kolonien", wenn man sie an ihrer Langlebigkeit misst, war übrigens die in Bankipur (Indien). Der in der Nähe von Kalkutta gelegene Stützpunkt der Kolonie bestand (mehr oder weniger) aktiv von 1722 bis 1793.

(UN-)FREIWILLIGE EXILANTEN

Damit dürfte die Liste mit von Österreich in Besitz genommenen fremden Territorien in Übersee komplett sein. Allerdings gibt es noch einige Gebiete der Welt, die zwar nicht von Österreichern kolonialisiert im üblichen Sinn, aber immerhin besiedelt wurden. Manchmal freiwillig, manchmal ... nicht so wirklich.

So wurden im Rahmen der sogenannten drei Schwabenzüge viele deutschsprachige Bürger der Monarchie im Banat (heute Rumänien), einer sumpfigen Grenzregion des Reiches, durchaus freiwillig angesiedelt. Diese drei Züge, der erste noch unter Karl VI., also „karolinischer Schwabenzug" sowie später der „theresianische" und der „josephinische", bestanden aus Freiwilligen, die mit vielen Vergünstigungen gelockt wurden – die Ahnen der noch heute dort lebenden sogenannten „Donauschwaben".

Zu den eher nicht so Freiwilligen zählten unter anderem Protestanten, die unter Maria Theresia zwar nicht wie unter einigen ihrer Vorgänger einfach vertrieben (sogar noch 1731 waren 22.000 Protestanten aus dem Pongau und Pinzgau großteils nach Ostpreußen abgeschoben worden), aber immerhin zwangsumgesiedelt wurden. So schickte man rund 1.200 aus Oberösterreich (Salzkammergut) nach Siebenbürgen und ins Banat, die sogenannten „Landler", deren Nachkommen auch 250 Jahre später noch Deutsch mit österreichischem Dialekt sprechen. Und es bestehen seit dem Ende des Kalten Krieges auch wieder neue Verbindungen:

Seit 1991 unterstützt die „Landlerhilfe" die dort lebende, größtenteils recht arme Bevölkerung. Ähnlich die Situation in der Ukraine, wo im Theresiental (Tereswatal) der Theresienfluss (Tereswa) durch Königsfeld (Ust-Tschorna) fließt. Diese Gegend wurde vom nahe gelegenen Deutsch-Mokra (Komsomolsk) aus erschlossen und zwar von Holzarbeitern, die von Maria Theresia im Salzkammergut angeworben worden waren – zwecks Ausbau der Holzwirtschaft. Auch in dieser Region spricht man noch einen altertümlichen – oberösterreichischen – Dialekt und sie wird ebenfalls von der „Landlerhilfe" unterstützt. Diese Verbindung zwischen Ukraine und Oberösterreich unterstrich im Frühjahr 2014 die Mühlviertler Kunststudentin Elisabeth Falkinger mit einer spektakulären Aktion: Sie reiste ins Theresienthal, erwarb dort einen alten Traktor – und fuhr damit zurück nach Oberösterreich. Die Suche nach einem geeigneten Traktor dauerte zwei Monate, die Reise über rund 1.200 Kilometer dann weitere drei (!) Monate, bis sie schließlich im Sommer mit ihrem ukrainischen „XTC T16" zu Hause ankam.

Doch zurück zu der Zeit der An- und Aussiedelung. Durch die Tätigkeit von Maria Theresias Keuschheitskommission wurden die Siedler am Ende des Reiches noch um Hunderte Personen, größtenteils Damen des horizontalen Gewerbes, erweitert. Denn offiziell war Prostitution unter Maria Theresia verboten. Ausübende mussten daher damit rechnen, aufgegriffen, in Frauenhäuser gesteckt oder sogar mit den sogenannten „Temesvárer Wasserschüben" ins Banat verfrachtet zu werden … Diese Gefahr drohte allen Frauen, die ihren alleinigen (nächtlichen) Aufenthalt auf den Straßen Wiens nicht ausreichend erklären konnten. Oder aber keinen Rosenkranz bei sich trugen. Weswegen der Verkauf von Rosenkränzen zu dieser Zeit boomte.

Ein anderes Kapitel österreichischer „Kolonialgeschichte" war die Auswanderung nach Brasilien. Leopoldine, Erzherzogin von Österreich (1797–1826), war erste Kaiserin von Brasilien, mit nachhaltigen Folgen: Die Flagge Brasiliens zeigt auch heute noch neben dem portugiesischen Königsgrün das österreichische Kaisergelb. Ab dem Jahr 1824 rief nun die Kaiserin von Brasilien (korrekt auf Portugiesisch: „Imperatriz consorte do Brasil, Rainha consorte de Portugal, Arquiduquesa da Áustria") vor allem deutschsprachige Einwanderer dorthin. Zahlreiche Siedlungen – besonders von Auswanderern aus damals extrem kargen Regionen Tirols – entstanden, die bis heute österreichische Namen tragen und noch immer von den Nachkommen der Exilanten bewohnt werden – und durch Vermischung mit anderen Einwanderern teilweise verzerrte österreichische Traditionen wie ein Oktoberfest pflegen. (Wie übrigens seit Kurzem, bei vollem Bewusstsein und unverzeihlicherweise, auch in Wien.) Einer dieser Orte ist Dorf Tirol (oder Colonia Tirol), in dem immer noch Tiroler Familiennamen wie Schöpf, Walcher oder Siller verbreitet sind. Seit dem Besuch des damaligen Tiroler Landeshauptmanns Dr. Alois Partl im Oktober 1993 besteht wieder Kontakt zur „alten Heimat", die durch Spenden das erste Gästehaus in Dorf Tirol errichtete und damit den Weg zum organisierten Tourismus in die ehemalige österreichische Siedlung ebnete.

Eine weitere, durchaus denkbare großräumige Besiedelung Mexikos im Zuge der Ernennung von Erzherzog Maximilian zu dessen Kaiser wurde allerdings durch seine vorzeitige Füsilierung kurz nach Amtsantritt verhindert.

Made in China

Das Nachbauen berühmter Bauwerke, meistens in sehr ver-
kleinertem Maßstab, hat ja Tradition. Das Taj Mahal aus
Zuckerwürfeln, der Stephansdom aus Zahnstochern und
wer weiß, was sonst noch aus welchen Materialien, beschäftigt akribische Hobbymodellierer über Jahre – und beschert
ihnen dann einen Moment des Ruhms im Bezirksblatt oder
auf Facebook. Etwas beständiger sind die Nachbauten in den
vielen Themenparks der Welt. In Den Haag kann man seit
1950 in „Madurodam" auf 18.000 Quadratmetern die unterschiedlichen Landschaften und die 300 wichtigsten Bauwerke der Niederlande im Verhältnis 1:25 betrachten. Und auf
diese Weise ganz Holland in einem halben Tag entdecken.
Was natürlich eine enorme Zeitersparnis bedeutet. In echt
würde man dafür gut und gerne eineinhalb Tage brauchen.
„Minimundus", auch „Die kleine Welt am Wörthersee"
genannt, zeigt seit 1959 auf verschwenderischen 26.000
Quadratmetern gerade mal halb so viele Bauwerke wie das
holländische Vorbild. Dafür jedoch nicht nur nationale,
sondern auch internationale Monumente. „Madurodam"
wurde übrigens vom Ehepaar Maduro zum Gedenken an
ihren in Dachau verstorbenen Sohn errichtet. Auch „Mini-

mundus" ist nicht rein kommerziell ausgerichtet, der Reinerlös kommt der Aktion „Rettet das Kind" zugute.

Andere Nachbauten berühmter Gebäude, Stadtteile und Ensembles finden sich auch in diversen Legoländern, viele andere Freizeitparks bieten das eine oder andere Miniaturmodell. (Der Sinn, sich verkleinerte Darstellungen von Gebäuden anzusehen, die ganz wo anders stehen, erschließt sich mir bei näherer Überlegung allerdings nicht ganz.)

Tatsächlich begehbare Nachbauten internationaler Gebäude und Sehenswürdigkeiten bietet der zum Disney-Imperium gehörende „Epcot" Vergnügungspark in Florida. Dort kann man in kürzester Zeit bequem von Japan nach Frankreich, Marokko, Deutschland, Italien oder Norwegen spazieren. Praktisch für US-Bürger, die ja mehrheitlich nicht einmal einen Reisepass besitzen.

International ist auch Las Vegas. Hier finden sich nämlich die größten Nachbauten wichtiger Gebäude, stets verpackt in einen Hotelkomplex. Das von Venedig inspirierte „Venetian" etwa bietet neben haufenweise Kanälen, Brücken und einem Markusplatz von beachtlicher Größe auch einen „Campanile" in derselben Höhe (98 Meter) wie in Venedig. Übrigens gibt es das „Venetian" etwas abgespeckt einmal um die halbe Welt noch mal – und zwar in Macao.

Im „Paris Las Vegas" kann man neben französischen Fassaden (Louvre, Oper), Läden und einem Nachbau des Spiegelsaals von Versaille auch den Eiffelturm bestaunen sowie besteigen. Er ist zwar im Gegensatz zum Campanile nur halb so hoch wie das Original, dafür aber sind das immerhin noch überragende 165 Meter. Außerdem in Vegas: eine Miniversion von New York inklusive Freiheitsstatue (halbe Höhe) sowie ein ägyptischer Obelisk und ein Nachbau der Sphinx vor dem Luxor-Hotel. Letzteres ist eine Pyramide, die zwar nicht so groß ist wie die von Cheops, aber etwa der antiken Roten Pyramide oder der Knickpyramide (also etwas höher als 100 Meter) entspricht.

Das ist alles gut und schön, aber den Vogel unter den Nachbauten der Welt schießt der bescheidenen Meinung des Autors nach eindeutig China ab – mit dem bewohnbaren Nachbau eines ganzen Dorfes. Nämlich von Hallstatt, Bezirk Gmunden, Oberösterreich, in der Form von Hallstatt, Kreis Boluo, Provinz Guangdong in China. Wie bei allen chinesischen Göttern die Planer auf die Idee kamen, eine Wohn-

siedlung für Wohlhabende nach Vorlage eines österreichischen Alpendorfs zu errichten, wissen wohl nur sie selbst (also die Planer und die Götter). Ok, Hallstatt ist Weltkulturerbe, Namensgeber einer ganzen Kultur und Tourismusmagnet auch für chinesische Touristen. Aber dennoch … wieso nicht Gmunden, Dürnstein, Steyr oder die Altstadt von Salzburg? Jedenfalls war auch die Genese des Projekts äußerst seltsam. In guter alter asiatischer Kopiertradition, geschult durch den Nachbau von Uhren, Spielzeug, Designerklamotten oder Les-Paul-Gitarren, informierte aus China niemand die Verantwortlichen in Hallstatt von den Plänen. Statt etwa eine Städtepartnerschaft anzustreben, dürften chinesische Planer jahrelang inkognito in Oberösterreich unterwegs gewesen sein, um in einer geheimdienstartigen Mission alle Gebäude zu vermessen und aus allen erdenklichen Winkeln zu fotografieren. Zwar hätten sich die chinesischen Planer oder auch Politiker und Gerichte vermutlich kaum um irgendwelche Klagen, juristisch oder andersartig, aus Österreich geschert, aber immerhin wollten sie eventuellen Copyright-Bedenken doch zuvorkommen. Und zwar durch einen geradezu genialen Schachzug: Das Hallstatt in der Volksrepublik China (Zhōnghuá Rénmín Gònghéguó) ist nämlich eine spiegelverkehrte Kopie der österreichischen Version. Pfoh!

Als man in Österreich Ende 2011 langsam von dem Projekt erfuhr, war die Reaktion zuerst ziemlich erbost. Vor allem, als man die Pläne zu Gesicht bekam und sah, dass man bis zur letzten Giebelbiegung ausspioniert worden war. Lang-

sam aber legte sich der Zorn und man begann, über Koope-
rationen zu reden. Viele Hallstätter bis hin zum Bürgermeis-
ter besuchten den Nachbau, zur Eröffnung 2012 spielte sogar
die echte Hallstätter Salinenkapelle in ihrer spiegelverkehr-
ten Heimatortkopie.

Übrigens gibt es in China noch ein paar andere europäische
Nachbaudörfer, die meisten entsprechen aber nur allgemein
dem Stil etwa einer deutschen oder einer skandinavischen
Stadt oder Teilen von Barcelona oder Venedig. Dazu gibt es
eine Patchworkkopie irgendeines britischen Dorfes und eine
recht exakte Kopie von Dorchester. Alle nicht primär für
den Tourismus, sondern als Wohnareale für reiche Chinesen
meist in der Nähe von Shanghai errichtet. Hallstatt hat allerdings ein Alleinstellungsmerkmal, es wurde nämlich nicht
nur der Ort nachgebaut, sondern auch gleich der dazugehö-
rige See.

Von Null auf 2200

Innsbruck hat viel zu bieten. Zum Beispiel den höchsten Zoo Europas: Der sogenannte Alpenzoo liegt auf 750 Metern am Fuß der Nordkette und beherbergt rund 2.000 Alpentiere aus 150 Arten. Der Star des Zoos ist der Bartgeier, der auch das Logo des Zoos schmückt und der es aus unerfindlichen Gründen bisher noch nicht auf das Landeswappen geschafft hat. Eine weitere Spezialität des Zoos ist die weltweit einzigartige Haltung des Mauerläufers (Tichodroma muraria), ein kleiberartiger Vogel, der in ganz Eurasien nur in hohen Höhen vorkommt und früher auch als Mauerspecht bekannt war.

Zu erreichen ist der Zoo am besten mit der seit 2007 neu gestalteten *Hungerburgbahn*. Diese Standseilbahn führt direkt aus dem Stadtzentrum (!) auf den Berg zum Zoo und dann noch weiter zur Hungerburg (860 Meter). Dort kann man gleich in die *Seegrubenbahn* umsteigen, eine Seilbahn, die weiter auf 1.905 Meter führt. Wo man anschließend als letzte Etappe der „Nordkettenbahn" mit der *Hafelekarbahn*

---

* Da über jede Landeshauptstadt Österreichs natürlich sehr viel, eventuell sogar Buchfüllendes, zu berichten wäre, beschränken sich die Einträge hier auf einige spezielle Fakten.

auf hochalpine 2.256 Meter gelangt – in (im Idealfall) 20 Minuten! Da die unterste Station der Bahnkette, „Congress", wenn man ehrlich ist aber bereits auf 560 Metern liegt, überwindet man bei dieser Fahrt „nur" 1.696 Höhenmeter.

Als absolutes Wahrzeichen Innsbrucks gilt bekanntlich das Goldene Dachl. Warum es das aber geworden und was genau daran golden ist,

weiß man außerhalb von Tirol meistens nicht so genau. Die Story in Kürze: Das goldene (oder besser vergoldete) Dachl schmückt den Erker der ehemaligen Residenz des ehemaligen Tiroler Landesfürsten. Das als „Neuhof" bekannte Gebäude wurde bereits 1420 errichtet. Kaiser Maximilian I., selbst stilisierter „letzter Ritter", PR-Genie und nie um Prunk und Pracht verlegen, ließ für die Jahrhundertfeier des Jahres

1500 zusätzlich noch den bemalten und verzierten „Prunk-erker" errichten. Als Gustostück prangen über ihm die 2.657 Schindeln des Daches, die im Kern nicht etwa aus Ton oder einem anderen üblichen Baumaterial, sondern aus Kupfer bestehen. Kupfer käme nun an sich schon nicht allzu lahm daher, zusätzlich sind die Schindeln aber auch noch „feuervergoldet". Was auch 500 Jahre später noch verdammt gut aussieht. Kaum weniger bekannt ist eine weitere Sehens-würdigkeit Innsbrucks, und zwar die 1765 errichtete soge-nannte „Triumphpforte". Das Besondere an diesem Tri-umphbogen ist, dass er auf der einen Seite der Freude (einer kaiserlichen Hochzeit), auf der anderen Seite hingegen der Trauer (um ein kaiserliches Ableben) gewidmet ist und auch in diesem Sinn optisch gestaltet wurde. Je nach Standpunkt der Betrachtung ist der Bogen deshalb auch als Jubel- oder eben als Trauerpforte bekannt.

Für Neueinsteiger in Österreichs Geografie: In Innsbruck führt zwar die eine oder andere Brücke über den Inn, das Innviertel liegt aber in Oberösterreich wie auch das Salz-kammergut, das sich eben nicht in Salzburg befindet. Alles soweit klar?

Treppenmonopol
KAISERSTEINBRUCH, BURGENLAND

Quick & Dirty, wie man so sagt. Die Bruckneudorfer Katastralgemeinde Kaisersteinbruch (ungarisch: Császárkőbánya) heißt Kaisersteinbruch, weil sie der Steinbruch des Kaisersteins war. Ok ... Vielleicht doch ein wenig detailreicher. Seit der Antike werden hier Steine abgebaut beziehungsweise gebrochen. Und genauer gesagt handelt es sich beim Kaisersteinbruch in Kaisersteinbruch nicht um einen einzigen, sondern um eine Vielzahl verschiedener Steinbrüche. Mit Namen wie (u. a.) Wald-Bruch, Kapellen-Bruch, Haus-Bruch, Blauer-Bruch, Schwarzer-Marmor-Bruch, Kavernen-Bruch, Salzleck-Bruch sowie schließlich Kaiserstein-Bruch und, besonders schön, Buchthal-Bruch. Anfang des 20. Jahrhunderts wurde in einer Beschreibung des Steinabbaus in der Gegend vermerkt: „Die kleine Ortschaft ist von Steinbrüchen ganz umgeben und ihre Häuser sind fast gänzlich unterminiert." Die hier gewonnenen Steine gelten als besonders dicht und widerstandsfähig (sie bestehen aus Leithakalk) sowie dekorativ und wurden daher schon früh bevorzugt für herrschaftliche Bauten verwendet. Etwa für das heute wenig bekannte, weil für Schloss Schönbrunn ausgeschlachtete Schloss Neugebäude in Wien (am Rand des Urnenhains des

Zentralfriedhofs, siehe „Kurioses Wien"). Aber auch im Stephansdom und im Stift Heiligenkreuz wurde der Kaiserstein verbaut. Oder bei der Errichtung des Vermählungsbrunnens am Wiener Hohen Markt.

Dem Kaiserstein wurde zeitweise sogar eine Art Monopol eingeräumt: Zu Beginn des 19. Jahrhunderts durften in Amtsgebäuden und Schulen nämlich die Treppen ausschließlich aus diesem Material errichtet werden. Neben dem Kaiserstein aus Kaisersteinbruch, der als „harter Kaiserstein" bekannt war, gab es auch noch den „weichen Kaiserstein" aus St. Margarethen sowie den „mittelharten Kaiserstein" aus Mannersdorf.

Gesetzloses Verkehren
KAISERTAL, TIROL

Nicht erst seit dem der Film „Das finstere Tal", der das Genre des Westerns erfolgreich in die österreichische Alpenwelt transferiert hat, gelten die verschlungenen und schwer erreichbaren Schluchten und Täler der heimischen Bergwelt als Orte mystischer und krimineller Geschehnisse. Heimatromane, Heimatfilme oder auch auf wahre Begebenheiten und Personen zurückgreifende fiktionale Werke wie die „Geierwally" transportierten immer wieder das Bild des wilden Alpenvolks, das in stammartig organisierten Strukturen nahe den Bergspitzen oder in tiefen Schluchten hauste. Und tatsächlich: Noch bis 2007 gab es ein Tal in Tirol, in dem die Gesetze vom restlichen Österreich, ja Europa, nicht zu gelten schienen! Zwar vor allem nur in einem Punkt, aber der betraf immerhin die heiligste Kuh unserer Tage: Autos nämlich fuhren in besagtem Tal ohne Nummerntafeln! Ein Sakrileg sondergleichen in unseren durchregulierten Zeiten. Man stelle sich nur vor: Auto ohne Nummerntafeln in Wien unterwegs! So ein Wunderding würde wohl bald von Gaffern und Passanten umringt am Fortkommen gehindert werden. Es sei denn, es stünde bereits mehr oder weniger ausgebrannt am Straßenrand.

Es ist aber tatsächlich wahr. Der Ort dieses ungeheuren Geschehens: das Kaisertal, ein sogenannter Taleinschnitt im Kaisergebirge, genauer zwischen dem Wilden und dem Zahmen Kaiser. In diesem Tal hatten Autos, Traktoren und sonstige Nutzfahrzeuge tatsächlich bis vor wenigen Jahren keine Nummerntafeln. Und auch die Sache mit dem Pickerl wurde, wie man gleich sehen wird, notgedrungen nicht ganz so genau genommen. Strafzettel hat keiner der Bewohner des Tals jemals erhalten (schon allein aus Mangel an Polizeipräsenz). Denn tatsächlich war dieses Fehlen hoheitlicher Zeichen staatlicher Autorität ein geringeres Problem als man vielleicht im ersten Moment denken könnte. Weil es nämlich erstens eh nur ganz wenige Kraftfahrzeuge gab – tatsächlich sogar so wenige, dass die ebenfalls nicht gerade zahlreichen Bewohner des Tals jedes Auto ohnehin problemlos seinem Besitzer zuordnen konnten; und zweitens – vor allem – wäre es einem Fahrer nach einem verursachten Unfall auch schwergefallen, Fahrerflucht zu begehen. Bis 2007 führte keine Straße aus diesem Tal hinaus. Oder hinein. Die wenigen Fahrzeuge, die es im Tal gab, wurden ebenso wie andere größere Güter mit dem Helikopter angeliefert oder – wenn möglich in Einzelteile zerlegt – über die Treppen hinaufgetragen und vor Ort wieder zusammengebaut.
Dabei ist dieses Kaisertal (ursprünglich Sparchental genannt) nicht einmal so abgelegen, wie man es nach dieser Beschreibung erwarten könnte. Es liegt gleich über Kufstein, nahe der deutschen Grenze, und hat einfach den Nachteil, eine Art geknicktes Hochplateau umringt von Bergkämmen zu

sein. Nun kann man
natürlich sagen, dass sich
dort ja niemand ansie-
deln müsste. Aber es hat
den Menschen ja schon
immer dazu getrieben,
auch die entlegensten

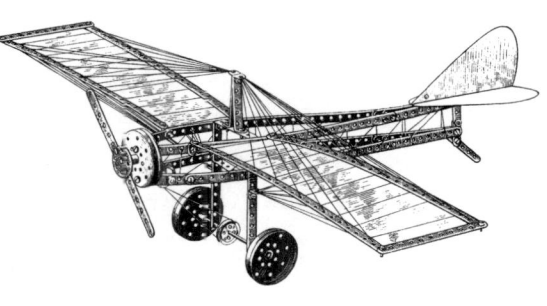

oder besonders schwer zugänglichen Flecken dieser Welt zu
seinem Heim zu machen. Und manche genießen eine derar-
tige Abgeschiedenheit sogar.

Bis 2007 war das Gebiet, in dem sich eine Handvoll Häuser und
Höfe streusiedlungsartig über wenige Quadratkilometer Natur
erstrecken, also tatsächlich nur zu Fuß oder notfalls durch die
Luft erreichbar. Insgesamt leben heute ungefähr 30 Menschen
ständig im Tal. Ein idyllischer Fußweg und eine Holztreppe
mit 285 Stufen, „Kaiseraufstieg" oder „Sparchenstiege"
genannt, führten als einzige Verbindung über insgesamt 200
Höhenmeter in die Region. Die ist in sich zwar durchaus durch
Wege und (Schotter-)Straßen verbunden, aber eben bis zu
jenem Jahr nicht mit dem restlichen Straßennetz Österreichs,
die „Straßen" waren damit „rechtsfreie" Privatstraßen.

Diese weite und steile Strecke mussten – wenn vorhanden –
auch die schulpflichtigen Kinder des Tals täglich bewältigen
sowie ein Briefträger, der dann auch gleich den einzigen
Briefkasten ausleerte. Auch die Kühe benutzten – und
benutzen! – diese Treppen zum jährlichen Almauf- und
abtrieb. Zwar gibt es schon seit 1955 eine Materialseilbahn,
aber die war, nomen est omen, für Material gedacht. Oder

wie die Kaisertaler sagten: Mit der Seilbahn würden sie nur einmal bergabfahren, nämlich in einem Sarg.

Als weitere Besonderheit besaßen die Bewohner des Dorfes im Regelfall auch zwei Autos, nämlich eines für oben und eines für unten. Das jeweils ungebrauchte wurde notgedrungen am oberen beziehungsweise unteren Ende der Treppe geparkt.

Überlegungen, das Tal an den Rest der Welt anzuschließen, gab es schon seit dem Ende des 19. Jahrhunderts. Ernsthaft

ging die Diskussion aber erst 1974 los, als ein erster Antrag für die Errichtung einer Straße gestellt wurde. Dass da lange nichts weiterging, liegt auch an einer weiteren Besonderheit des Tals. Skurrilerweise sind die wenigen Ansiedlungen nämlich auch noch Ortsgebiete zweier verschiedener Orte: Ein Teil gehört zu Ebbs, ein Teil zu Kufstein. Ein weiterer, allerdings unbesiedelter Teil, das sogenannte Bärental (nicht zu verwechseln mit einem namensgleichen Tal im Besitz der Familie eines ehemaligen Landeshauptmanns), gehört sogar zu einer dritten Gemeinde, nämlich zu Walchsee. Damit waren und sind auch die Kompetenzen gesplittet.

Und da das gesamte Tal schon seit 1963 zum Naturschutzgebiet Kaisergebirge gehört, waren Straßenbauprojekte auch nicht gerade die höchste Priorität der Gegend. Die Pläne, diesen letzten unerreichbaren Fleck Österreichs (wenn man von den Exklaven einmal absieht) an den Rest des Landes anzubinden, führten zu verschiedenen Ideen wie der Errichtung eines Schrägaufzugs oder dem Ausbau der Materialseilbahn (Betriebszeiten derzeit: Sommer dreimal, Winter zweimal die Woche). Besonders Naturschützer wandten sich gegen ein Straßenbauprojekt und schlugen vor, die Seilbahn dafür so auszubauen, dass sogar der Transport von Fahrzeugen damit möglich gewesen wäre.

Schließlich entschloss man sich aber – auch aufgrund des Bevölkerungsschwunds, früher lebten über 60 Leute im Tal – doch für eine Straße. Baubeginn war 2006. Und seit 2007 führt die sogenannte Kaisertalstraße durch einen 813 Meter langen Tunnel, Annatunnel oder auch Kaisertaltunnel genannt, samt unterirdischer 180° Kehre ins bis dahin unerreichbare Tal. Allerdings steht die Straße nur den Einwohnern und einigen Auserwählten offen. An beiden Enden stehen Ampeln (da der Tunnel nur einspurig errichtet wurde), Videokameras überwachen den rechtmäßigen Gebrauch. Ein 18-seitiger Vertrag regelt, wer die Schlüssel beziehungsweise den Chip für die Schranken erhält, die nur von Berechtigten und Einsatzfahrzeugen geöffnet werden können. Besucher des beliebten Erholungsgebiets müssen sich das Tal nach wie vor erwandern. Außerdem gilt seit dem Bau des Tunnels im gesamten Kaisertal auch ein Radfahrverbot, um nicht von Horden abenteuerlustiger Mountainbiker überrollt zu werden. Übrigens wurde parallel zur Straße auch eine Kanalisation errichtet. Denn bis 2007 verließ außer zu Fuß nichts, also auch wirklich gar nichts, das Gebiet.

Seen sehn

KLAGENFURT* AM WÖRTHERSEE, KÄRNTEN

Nein, ich hab mich nicht verschrieben. Für alle älteren Semester, die in der letzten Zeit nicht so aufgepasst haben, Klagenfurt heißt nicht mehr Klagenfurt, sondern seit 2008 offiziell „Klagenfurt am Wörthersee". Wohl um die Verwechslung mit einem der vielen anderen Klagenfurts österreich- und weltweit zu vermeiden. Hm? Wie bitte? Es gibt weltweit gar keine andere Stadt namens Klagenfurt? Seltsam … Ironie off: Die Sache ist wirklich ein wenig eigenartig. 2007 beschloss der Gemeinderat die Umbenennung der Stadt zur, wie es hieß, „Steigerung des Marketingwerts". Mit anderen Worten, eine Landeshauptstadt beschließt die namentliche Annäherung an einen See – aus dem Gefühl heraus, der See könnte bekannter sein als die Stadt? Das erscheint mir doch ein wenig, nun … minderwertigkeitsgefühlbehaftet für die immerhin sechstgrößte Stadt Österreichs. Denn rein ortsbenennungstechnisch handelt es sich dabei eindeutig um eine Abwertung. Fast alle großen und

---

* Da über jede Landeshauptstadt Österreichs natürlich sehr viel, eventuell sogar Buchfüllendes, zu berichten wäre, beschränken sich die Einträge hier auf einige spezielle Fakten.

wichtigen Städte stehen für sich – mit nur einem Namen als Namen. Sei es nun London, Paris, Rom oder Wien. Zweiteilige gibt es selten und dann meist auch nur, weil eine Form von Heilig (San, Sanct, St. etc.) davorsteht. (Und ich lass mir jetzt meine These nicht von New York kaputtmachen, okay?) Zweiteilige Städte finden ihre Teilung außerdem oft gar nicht so prickelnd. Siehe St. Pölten (Mikroeintrag → *St. Pölten*), das sich mit einem etwas hopatatschigen P als Autokennzeichen herumschlagen muss. Orte, die *an/am/auf/über/unter/ bei* oder sonstwie geografisch denominiert liegen, sind meistens klein oder führen den Namensteil hauptsächlich zu Unterscheidungszwecken. Klagenfurt aber gehörte früher auch zu den unverwechselbaren, kurzen, prägnanten Einzelnamen und hat sich ohne Not gleich *zwei weitere* Worte dazu geholt, St. Pölten damit überholt und seine zehn Originalbuchstaben mit zwölf weiteren mehr als verdoppelt. Und das, obwohl die bald 900 Jahre alte Stadt erst seit Beginn des 20. Jahrhunderts (durch einige Grundstückskäufe) gerade mal so am Wörthersee liegt. – Und die Stadtfläche auch weit größer ist als die des Sees. Ja, bei allen Marketinggöttern, Klagenfurt besitzt nicht einmal ein Schloss am Wörthersee! Gerade mal Minimundus (siehe Mikroeintrag → *Hallstatt*), das nun korrekterweise nicht länger „Die kleine Welt am Wörthersee in Klagenfurt", sondern „Die kleine Welt am Wörthersee in Klagenfurt am Wörthersee" genannt werden müsste. Egal. Der Landtag hat die Umbenennung der Hauptstadt jedenfalls bestätigt und so ist das jetzt halt. Jojo, Kärnten is lei ans.

Was Klagenfurt (am Wörthersee) allerdings schon am oder besser auf dem Wörthersee hat, ist die Wörtherseebühne, die zeitweise drittgrößte Freilichtbühne Österreichs. Aber das ist eine derartig traurige Geschichte aus Jörg Haiders Nachlass (Finanzierungsskandale, Millionengrab, Hypo Alpe Adria, Teilabriss …), dass es nicht einmal Spaß macht, darüber zu spotten. Wenden wir uns daher lieber etwas unverfänglichem zu wie, wie, okay … Udo Jürgens, der wie sein Bruder, der Maler und Fotograf Manfred Bockelmann, hier geboren wurde. Und der zu den weltweit bedeutendsten Musikern aus Österreichs zählte. (Wer nicht weiß, wieso, es steht unter anderem in meinem letzten Buch. Oder der interessierte Leser wartet auf die Fertigstellung der Dissertation von Stefan Petzner über den Maestro.) Oder wir widmen uns dem Wappentier und Wahrzeichen der Stadt, dem Lindwurm. Ein Lindwurm ist vom Namen her ein etwas doppelt gemoppelter „Schlangenwurm" und (krypto-)zoologisch mit dem Drachen verwandt, er gilt aber im Allgemeinen als etwas kleiner. Morphologisch unterscheidet er sich vor allem auch durch die deutlich kleineren Flügel. Der bekannteste Vertreter seiner Art ist wohl der (manchmal fälschlich auch als Drache bezeichnete) Lindwurm Fafnir aus dem Nibelungenlied. Der zweitbekannteste ist der aus Klagenfurt (am Wörthersee), der sich offenbar niemals jemandem mit Namen vorgestellt hatte. Dazu gibt es folgende Sage: „Als Herzog Karast von der Karnburg regierte, war Klagenfurt [am Wörthersee] noch Sumpfgebiet. Dort hauste ein böses Ungeheuer, das alles verschlang, was in seine Nähe kam. Der Herzog ließ einen Turm erbauen, von wo aus das Monster bekämpft werden sollte. Mutige Knechte banden einen Stier an eine lange Kette, an der ein Haken befestigt war, und versteckten sich im Turm. Als der Lindwurm kam, um den Stier zu fressen, blieb er mit dem Rachen am Widerhaken hängen. Die Knechte konnten ihn mit ihren Keulen erschlagen. Nun siedelten sich Menschen im Sumpfgebiet an, und der Herzog ließ anstelle des Turms ein Schloss erbauen. Auf dem neuen Platz erinnert noch heute der Lindwurmbrunnen an den Kampf mit dem Ungeheuer." Und so, liebe Kinder, entstand Klagenfurt (am Wörthersee). Zitiert übrigens nach „Billa: Unser Österreich – Stickerbuch" (2011) – ja, mir soll bloß niemand nachsagen, dass ich für meine Bücher nicht stets die allerbesten Quellen nutze!

Walhalladrio

Zwar hab ich die Geschichte schon in mehreren meiner
Bücher verbraten (am ausführlichsten in „Kurioses Wien"),
aber sie kann in einem dem kuriosen Österreich gewidmeten
Buch zumindest in Kurzfassung einfach nicht fehlen. Die
Rede ist vom „Heldenberg" und seiner Entstehung.
Also: Der durch die Lieferung von Lebensmitteln, Schuhen
und Stoffen an die Armee reich gewordene und etwa 1787 in
Ungarn geborene Joseph Gottfried Pargfrieder war Monar-
chist und ein ausgesprochener Militärnarr (und vielleicht
sogar ein kaiserlicher Fehltritt). Sein Pech, dass die österreichische Armee zu seinen Lebzeiten keine besonders glorio-
sen Kriege mehr führte. Was ihn aber nicht daran hinderte,
auf seinem Anwesen, dem Schloss Wetzdorf, das er 1832
kaufte, Alleen mit insgesamt 169 Standbildern und Plasti-
ken, vor allem Büsten von Kaisern und Kriegshelden sowie
einigen griechischen Göttern (eine liegende Figur wurde in
einem damals neuen Steingussverfahren gleich mehrmals
gegossen und im Park verteilt aufgestellt) von fragwürdigem
künstlerischen Wert errichten zu lassen, die Österreichs
Militärvergangenheit sowie die beiden eher minderen
(Straf-)Feldzüge gegen Italien und Ungarn glorifizieren soll-

ten. Rundherum ließ er ein Mausoleum errichten, in dem nach seinem Willen die größten Kriegshelden der Monarchie, bewacht von 13 Militärinvaliden (ein Offizier und zwölf Soldaten), ihre letzte Ruhe finden sollten.

Tatsächlich gelang es Pargfrieder, zwei alten – notorisch verschuldeten – Generälen das Recht abzukaufen, sie bei sich bestatten zu dürfen. 1854 wurde Maximilian Freiherr von Wimpffen dort beigesetzt, 1858 Feldherr Johann Joseph Wenzel Anton Graf Radetzky, der größte Militärstratege der Monarchie. Die ganze Anlage gleicht eher einer Grottenbahn mit Porträtbüsten. Das Ziel der Heldenverehrung hat „Österreichs Walhalla" jedenfalls nie erreicht. Pargfrieder selbst starb wenige Jahre später, 1863, und ist über Radetzky beigesetzt – in Ritterrüstung und in sitzender Haltung. Über die drei dort ruhenden Herren Wimpffen, Radetzky und Pargfrieder hieß es dann im Volk:

„Hier ruhen drei Helden in ewiger Ruh
zwei lieferten Schlachten, der dritte die Schuh."

Die Anlage ist nach wie vor zu besuchen und wurde inzwischen (neue Info!) mit mehreren Nachstellungen von historischen Schlachten durch insgesamt 3.000 Zinnfiguren zur sogenannten „Radetzky Gedenkstätte" ausgebaut.

Bombastisch

KUFSTEIN, TIROL

Wenn ich von Osten aus über das Deutsche Eck fahre, finde ich zwei Dinge immer besonders witzig. Erstens, dass es auf deutscher Seite Wegweiser nach *Übersee* gibt (siehe auch Makroeintrag → *Ortsnamen der anderen Art*). Und zweitens, dass Österreich genau dort wieder beginnt, wo die Berge anfangen. Nicht witzig, aber verblüffend finde ich dann auch, wie nahe Kufstein an der deutschen Grenze liegt. (Wobei es mich immer erstaunt, wenn größere Ansiedlungen direkt an einer Grenze liegen. Für mich gehört zu einer Grenze immer ein gehöriger Streifen Niemandsland oder maximal das eine oder andere in der Nähe befindliche Kuhdorf.) In weiterer Folge bekomme ich dann immer sofort das „Kufsteinlied" als Ohrwurm, wobei ich nicht recht weiß, ob das nun unter witzig oder lästig fällt. „Kennst du die Perle, die Perle Tirols …" – Gotcha! Jetzt haben Sie's auch.

Wo war ich? Ach ja, Kufstein. Das man mittlerweile übrigens mit dem Zug von Wien aus in (wiederum) verblüffenden 3 Stunden und 44 Minuten erreichen kann (und vice versa natürlich). Hm, eigentlich wollte ich ja nur eine Kleinigkeit zur Stadt erzählen, aber irgendwie läuft dieser Eintrag aus dem Ruder … Da war noch was … Ha! Festung

Kufstein! Es geht um die Festung Kufstein. Die beherbergt nämlich die größte Freiorgel der Welt, die sogenannte „Heldenorgel", die aus nicht weniger als 4.948 Pfeifen besteht und auf der jeden Tag um zwölf ein kleines Konzert gespielt wird, da kann sich die Ankeruhr am Wiener Hohen Markt verstecken.

Und zur Festung gehören ... *Purlepaus* und *Weckauf.* Das wollte ich nämlich eigentlich erzählen. Auch wenn *Weckauf* eher nach Glocke klingt, handelt es sich bei beiden um Kanonen. Genauer gesagt um zwei „Feldschlangen", die dareinst 100-Kilo-Geschosse verschossen. Diese Kaliber ließ nämlich Kaiser Maximilian holen, weil er bei der Belagerung der Festung Kufstein von deren Kommandanten Pienzenau verhöhnt wurde (so geht die Sage). Dazu Anastasius Grün in seinem Gedicht „Max vor Kufstein" (Ausschnitt):

„Da sah man Pinzenauern hoch auf der festen Wand,
Ein tüchtig Ruthenbündel hielt er in seiner Hand.
Wo Maxens Kugeln schlugen, da bückt' er sich hinab
Und fegte die Stellen höhnisch mit seinem Besen ab.
Da wurde König Maxen die Zeit wohl etwas lang,
Das pochend schon sein Herzschlag bis durch den Panzer klang;
Da sandt' er gegen Innsbruck hinauf ins Waffenhaus:
,Schickt doch einmal den Weckauf mir und den Purlepaus!'
Die Mauern Kufsteins wanken, wo seine Kugel traf,
Der Weckauf, statt zu wecken, singt Manchen in den Schlaf,
Der Purlepaus schlug grimmig ins starke Bollwerk drein;
Hurrah! die Riesenwände laut donnernd stürzen ein!"

Der Kaiser ließ übrigens noch mehr Kanonen aus Innsbruck heranschaffen, unter anderem die drei Damen *Schöne Kathl*, *Türkische Kaiserin* und *Burgunderin*. Ja, die Kanone ist die Braut des Soldaten oder so ähnlich. *Purlepaus* und *Weckauf* sind jedoch sogar relativ niedlich, wenn man sie mit *Pumhart von Steyr* vergleicht: Dieses ist ein inzwischen im Heeresgeschichtlichen Museum in Wien ausgestelltes Monster von Kanone (korrekt „Bombarde"), Kaliber 88 Zentimeter, das Kugeln mit einem Gewicht von 690 Kilogramm verschoss. Sprachlich, oder besser gesagt onomatopoetisch, dürften sowohl *Purlepaus* wie auch *Pumhart* mit der etwas friedlicheren *Pummerin* in Wien verwandt sein.

Mehr Seltsames rund um Kufstein siehe auch Mikroeintrag → *Kaisertal*.

Von weißen Panthern und spanischen Adlern

EIN NEUGIERIGER BLICK AUF DIE LANDESWAPPEN DER NEUN BUNDESLÄNDER

Nicht viele Menschen wissen, dass dem aufrecht gehenden (!), gehörnten (!!) weißen (!!!) Panther des steirischen Landeswappens früher Flammen nicht nur aus dem Maul schossen, sondern auch aus allen anderen Körperöffnungen (!!!!). Wahre Geschichte. Mehr dazu weiter unten.

Die Heraldik ist schon ein lustiges Gewerbe, voller Wunder und versteckter historischer Geheimnisse. Viele davon finden sich auch in den neun Landeswappen Österreichs.

Hier ein alphabetischer Überblick nach Bundesländern.

BURGENLAND:

SPANISCHER BERGADLER

Zum burgenländischen Wappen heißt es im Landesgesetz
Folgendes:
„Ein goldener Schild, in welchem ein sich zum Fluge anschi-
ckender, widersehender, roter, golden gekrönter, ebenso
bewehrter, rot bezungter Adler auf einem sich aus dem
Fußrande des Schildes erhebenden schwarzen Felsen steht.
Die Brust des Adlers ist mit einem dreimal von Rot und
Kürsch gespaltenen, mit einer schmalen goldenen Randeinfassung versehenen Schildchen belegt, seine Flügelknochen
sind in den beiden Oberecken des Schildes von je einem
breitendigen schwarzen Kreuzchen überhöht."
Ok. So weit, so gut. Gehen wir's an. Und klären wir erst
einmal die verwirrenden Fachausdrücke. Laut „Erläuterun-
gen der Heraldik als ein Commentar über Herrn Hofrath
Gatterers Abriß dieser Wissenschaft" von Johann Christian
Siebenkees (Nürnberg, 1789) bedeutet „widersehend" so viel
wie „zurücksehend" (auch nicht viel klarer), „retrospiciens"
(detto) sowie „regardant vers la queue" (Ha!). Alles klar, der
Adler sieht also in Richtung seines eigenen Schwanzes (Bür-
zel?), in unserem Fall heißt das nach rechts. Das mit dem
„kürsch" ist schon schwieriger. Jedenfalls heißt es nicht
„kirsch (rot)", weil mit rot sind ja auch andere Teile bezeichnet. Nach meinen Recherchen bedeutet „kürsch" so was wie
„Grauwerk", und Grauwerk bedeutet laut Duden „Pelzwerk,
besonders aus dem grauen Winterpelz russischer Eichhörn-

chen; Feh". Herr Siebenkees meint dazu es sei „amphibisch, wie Purpur [?] oder vielmehr eine dritte Sorte". Hm. Nun, lassen wir uns nicht verwirren, offenbar geht es einfach um ein Pelzmuster, das hier zwar eher wie Dachschindeln aussieht, aber so sei es.

Soviel zum Wie, jetzt zum Warum. Das Landeswappen von Burgenland ist das jüngste in Österreich, weil das Burgenland ja historisch nie innerhalb dieser Grenzen bestanden hatte, sondern erst nach dem Ersten Weltkrieg quasi erfunden wurde (siehe auch → *Eisenstadt*). Es benötigte deswegen ein eigenes, neues Wappen. Nachdem drei andere Vorschläge des „Vereins zur Erhaltung des Deutschtums in Ungarn" abgelehnt wurden, wurde 1922 von einem einschlägig Kundigen (Alfred Anthony von Siegenfeld, Leiter des Instituts für Genealogie, Familienrecht und Wappenkunde) ein entsprechendes Wappen aus zwei alten Wappen mittelalterlicher Geschlechter zusammengebastelt. Ausschlaggebend war zum einen die Beheimatung dieser Familien in den heutigen Landesgrenzen und zum anderen eine gewisse antiungarische Haltung. So stifteten also zwei untergegangene Adelsgeschlechter der jungen Republik ein historisierendes Wappen. Jene von Mattersdorf-Forchtenstein spendeten den Hintergrund (Adler, Fels und Kreuzchen) und jene von Güns-Güssing das „Herzschild" (kürsch und rot). Im August des Jahres wurde das Wappen offiziell.

Allerdings war es zunächst völlig anders gefärbt: Der Hintergrund war silbern (also weiß), der Felsen rot, der Adler schwarz und die Kreuzchen rot. Zur Anpassung an die Landesfarben Rot-Gold (also Gelb) änderte die burgenländische Landesregierung am 17. Oktober 1922 das Schild folgendermaßen: „Adler rot statt schwarz, Felsen und Kreuzchen schwarz statt rot (um das Wappen nicht zu eintönig werden zu lassen), Wappenschild golden statt silbern, Herzschild von einer goldenen Randeinfassung umgeben, um ihn vom roten Adler abzuheben."

Das ist aber nicht weiter schlimm, da das Wappen sowie die korrekt „Tatzenkreuzchen" genannten kleinen Kreuze in der Familiengeschichte der Mattersdorf-Forchtensteiner schon öfter die Farbe gewechselt haben. Übrigens stammt dieses Geschlecht ursprünglich aus Deutschland und, wenn man in der Familiengeschichte noch weiter zurückgeht, sogar aus Aragon in Spanien. Wo sie das Wappen, das im 14. Jahrhundert entstand, bereits benutzten.

Die Güssinger wiederum waren eigentlich nicht aus Güssing und hießen auch nicht so. Eigentlich waren sie die „Herren von Güns" und eine alte ungarische Oligarchenfamilie mit Hauptsitz Kőszeg (= Güns). Und deren Wappen war, in verschiedenen Variationen und Ausführungen, immer vertikal rot-weiß gestreift. Mal öfter, mal nicht so oft, manchmal gerade, manchmal wellenförmig. Da Letztere (also die Wellenform) auf eine „Pelzstückung", also ehemalige Pelzver-

brämung des Schildes hindeutete, malte man schließlich die
Striche darauf und es ward in Hinkunft – kürsch.

Der korrekte Gesetzesentwurf für das neue spanisch-unga-
rische, pardon, burgenländische Wappen wurde dem Landtag übrigens zwar 1923 zugesandt. aber aus unbekannten
Gründen erst einmal vergessen, soll heißen nicht beschlossen. Erst später wurde der Adler, der seinen Schwanz begut-
achtet, legitimiert. Außerdem gibt es noch einige etwas weit
hergeholte Theorien, die dem burgenländischen Wappen
eine Verwandtschaft mit den Symbolen des Tempelordens
nahelegen. Näheres dazu vielleicht demnächst einmal bei
Dan Brown. Übrigens ist das Wappen des vergleichsweise
flachen Burgenlandes das einzige in Österreich, das einen
Berg zeigt.

Das Wappen von Kärnten gibt es gleich zwei Mal. Einmal das „kleine", allgemein bekannte, das offiziell so beschrieben wird: „Der Schild des Landeswappens ist von Gold und Rot gespalten; vorn sind drei schwarze, rot bezungte und gewaffnete Löwen übereinander, hinten ein silberner Balken." Was für laienhafte Betrachter so viel heißt wie das Schild hat zwei Teile, rechts ist es rot-weiß-rot, links sieht man drei Löwen. Einer der drei, der unterste, scheint nach oben zu kraxeln. Was aber kein Hinweis auf die alpine Lage Kärntens ist, sondern auf die Stärke der Biegung des Schildes.

Die Löwen stammen aus (dem weniger gebirgigen) Mödling. Genauer gesagt von der Mödlinger Seitenlinie der Babenberger. Die Babenberger-Löwen wurden allerdings erst *nach* dem Aussterben der Babenberger für das Wappen des Herzogtums Kärnten verwendet. Es handelt sich um ein sogenanntes „Anspruchswappen", also etwas, das Separatisten und Eroberer heute noch gerne unter dem Motto „Wir erfinden zunächst einmal eine Fahne für ein Land, das wir (noch) gar nicht haben, der Rest wird sich schon irgendwie ergeben" basteln. Manche Dinge ändern sich eben nie.

Der rechte Teil des Schildes schließlich steht völlig unoriginell für Österreich (dazu mehr am Ende des Kapitels).

Doch damit ist die Geschichte noch nicht zu Ende. Denn Kärnten liegt von seiner Größe her zwar genau in der Mitte der österreichischen Bundesländer und ist nach Bevölke-

rungszahlen sogar das zweitkleinste (von Tirol in den 70er-Jahren überholt), hat aber als einziges neben Wien auch ein „großes Wappen". Das hat damit zu tun, dass die Wappen der österreichischen Herzogtümer einst gekrönt waren, was man heute noch an anderen Wappen (siehe Niederösterreich, Oberösterreich, Salzburg und Steiermark) sehen kann. Das Kärntner Wappen hat keine Krone, dafür aber eben eine noch ältere und noch viel auffälligere, größere Variante, die der historischen Krönung voranging.

Und wenn ich sage groß, dann meine ich groß.

Das große Kärntner Wappen ist nämlich doppelt so hoch und doppelt so breit wie das normale! Und statt einer Krone sitzt ein Ritterhelm auf dem kleinen Wappen. Der wiederum hat schon eine Krone. Und das ist noch lange nicht alles. Die offizielle Beschreibung lautet: „Der gekrönte Turnierhelm mit rot-goldenen Decken trägt zwei goldene Büffelhörner, die außen mit je fünf goldenen Stäbchen besteckt sind, von denen rechts je drei schwarze, links je drei rote Lindenblätter herabhängen."

Laienhaft beschrieben handelt es sich also um einen Ritterhelm (inklusive Schulterteil) mit goldener Krone, aus dem
links und rechts sich verzweigende Stoffstreifen mit etwa 30
Enden herausragen. Aus der Krone selbst wachsen elefantös
zwei Hörner, aus denen wieder je nach außen fünf parallele,
horizontale Streben sprießen, an denen wiederum rechts 15
rote und links 15 schwarze Herzchen baumeln. Oida!
Offiziell nennt man das verniedlichend „Helm, Helmzier
und Helmdecken". Insgesamt erinnert das Ganze optisch
aber eher an ein aufgetakeltes Glockenspiel. Und es wird
noch irrer: Die Büffelhörner waren ursprünglich Pfauenfedern. Sie gehen auf einen Helmschmuck von Herzog
Ulrich III. von Kärnten zurück, den er bei einem Treffen bei
Laa im Jahr 1246 getragen hat. Ein Zeitgenosse, Jan Enenkel
(oder Jans der Enikel, ein wichtiger Wiener Dichter, bekannt
vor allem für seine „Weltchronik") hat diesen Schmuck in
einem kleinen, limerickähnlichen Gedichtlein beschrieben:
„Daz warn zwei horn hermein
von phauzvedern also dikhe
daz alda der sunen plikhe
auf dem helm nicht het schein;
so dikh warn die vedern sein."
Wenn ich das recht verstehe, heißt das in etwa:
„Da standen zwei Hörner vornhin,
Aus Pfauenfedern so dick,
Dass daher der Sonne Blick,
Auf dem Helm ihm nicht schien,
So dick waren die Federn von ihm."

So weit, so gut. Allerdings hatte Kärnten zu dieser Zeit noch ein anderes Wappen, und zwar einen schwarzen Panther auf Silber. Und der sah dem steirischen Wappen bis auf die Farben frappant ähnlich – aber so etwas darf man in Kärnten vermutlich nicht laut aussprechen. In weiterer Folge wurde Ulrich, warum auch immer, von Herzog Friedrich II. von Österreich gefangen genommen und, warum auch immer, zur Änderung seines Wappens gezwungen.

Das mit den Stäbchen ist noch komplizierter. Weil der Helm zwischenzeitlich ein Hut war, dann aber wieder ein Helm ... inzwischen hatte aber auch Tirol so einen Helm ... darum musste man zu Unterscheidungszwecken noch was deichseln. Wieso, weiß ich auch nicht, aber in manchen alten Darstellungen stecken da keine goldenen Laubstangen, sondern schlicht Fähnchen in den, nun, Pfauenhörnern. Was, wenn man das so sagen darf, etwas mehr Sinn ergibt.

Auch die Schals, pardon „Helmdecken", sahen immer wieder anders aus. Zeitweise waren sie nicht einmal rot-gelb. So um 1600 herum etwa waren die rechten Decken dem Herzschild entsprechend rot-silber und die linken gelb-schwarz, was wesentlich lässiger aussah. Wer sich noch tiefer in die komplizierte Geschichte dieses Wappens vertiefen möchte, die Website www.genealogy.at ist ein guter Startplatz und eine reiche Quelle an heraldischen Absurditäten aller Art.

Übrigens: Die größere Variante nannte man auch Vollwappen. Ein Schelm, wer dabei sprachliche Assoziationen hat.

NIEDERÖSTERREICH:
HERALDISCH RECHTE LERCHEN

Das Wappen von Niederösterreich ist die republikanische Variante des schon in der Monarchie üblichen. In der heute offiziellen Version thront nämlich eine sogenannte „Mauerkrone" auf dem Schild. Vor 1920 war dort ein Herzogshut, also eine rot gefüllte goldene Krone. Das mit der Mauerkrone ist keine niederösterreichische Spezialität, amüsiert mich aber immer wieder. Kronen sind in einer Republik ja irgendwie bäh. Daher malt man flugs in die Krone ein paar Striche und ruft laut „Ätsch-bätsch, das ist gar keine Krone, das ist eine Burgmauer von außen!" Dass die Krone dann aber oft und wie auch im Fall Niederösterreichs dennoch gelb, also in Gold, erstrahlt und optisch so eng gebogen ist, dass sie realistischerweise vielleicht gerade ein Einfamilienhaus umfassen könnte, steht auf einem anderen Blatt.

Das heutige Wappen basiert jedenfalls auf dem Fünf-Adler-Schild des „Landes unter der Enns", das 1804 eingeführt wurde. Die Adler aber gehen viel weiter zurück. Eventuell bis in die Zeit der Römer. Jedenfalls basiert das heutige Wappen auf einem sogenannten „Fabelwappen", das im Mittelalter dem Heiligen Leopold als Attribut beigefügt wurde. Dann wurde es zum Siegel und hieß „Alt-Österreich". Gemeinsam mit dem rot-weiß-roten Bindenschild, das „Neu-Österreich" hieß, verwendete man es als gemeinsames Symbol für die Österreich umfassenden Länder. Von dieser Kombi gab es im Lauf der Zeit viele und wechselvolle heraldische Varianten, genauer gesagt „gevierte, gespaltene oder auch nur aneinander angelehnte Schilde".

Jedenfalls streiten die Gelehrten seit dem 15. Jahrhundert, ob es sich bei den Vöglein auf dem niederösterreichischen Wappen tatsächlich um Adler handelt oder nicht vielleicht doch um ... Lerchen. Ich zitiere dazu eine Publikation der niederösterreichischen Landesregierung, die ich inhaltlich nicht besser formulieren könnte: „Im 16. Jahrhundert deuteten die Humanisten die Vögel als auffliegende Lerchen und führten das Wappen auf die römische Legio X alaudarum (lat. alauda = die Lerche) zurück. Diese 10. Legion, die in Vindobona lag, führte Lerchen als Feldzeichen. In der Renaissance und im Barock stellte man die Vögel daher oft auch als Lerchen dar. Besonders die Wissenschaft des 18. Jahrhunderts erging sich in gelehrten Deutungen, vor allem aber stritt man darüber, ob es sich nun um Adler oder um Lerchen handelte. Das führte schließlich dazu, dass die verunsicherten niederösterreichischen Stände 1795 auf das Wappen verzichteten und nur noch den Bindenschild führen wollten."

Außerdem schwankten im Lauf der Zeit die Anzahl, die Positionierung sowie die Blickrichtung der Tiere. Dass es nun fünf, angeordnet im Schema 2-2-1, sind, hat vermutlich ästhetische, der Form des Schildes geschuldete Gründe, wobei sich die oberen vier ansehen. Der unterste blickt heraldisch nach rechts. Also nach links. Seufz. Auch bezüglich der Landesfarben möchte ich zum Schluss noch einmal gern die NÖ-Landesregierung zitieren. Einfach weil's so schön ist:

„Die aus dem Wappen abgeleiteten Farben sind erst in der ersten Hälfte des 19. Jahrhunderts einwandfrei festzustellen: Man flaggte Blau-Gelb. 1903 wurden die Farben umgedreht: Gelb-Blau. Der Grund war ein heraldisches Gutachten, das festgestellt hatte, dass die Farbe des Wappenzeichens, also des Adlers, (Gelb), Vorrang vor der Grundfarbe (Blau) hätte. Dies blieb so, bis die Landesverfassung von 1934 Blau und Gelb wieder einführte. 1945 wurde die Landesverfassung von 1930 wieder in Kraft gesetzt, wodurch die Landesfarben wieder zu Gelb-Blau mutierten. 1954 schließlich wurden die Farben vom Landtag wieder in Blau-Gelb geändert."

OBERÖSTERREICH:
PRINCE JOHN UND
DER ERZHERZOGSHUT

Im Gegensatz zum niederösterreichischen gibt sich das Wappen
Oberösterreichs weniger republika-
nisch. So steht schon im Oberösterreichischen Landesverfassungsgesetz 1991, Artikel 15, Absatz 2:
„Das Land Oberösterreich führt als Landeswappen das historische Wappen." Um gleich zu ergänzen: „Es besteht aus
einem mit dem Herzogshut gekrönten, gespaltenen Schild,
der rechts einen goldenen Adler im schwarzen Feld trägt,
links von silber und rot dreimal gespalten wird."
Das Landesgesetz vom 3. Juli 1997 über die oberösterreichischen Landessymbole, § 2 Farben (Fahne und Flagge) des
Landes Oberösterreich, Absatz 1, wird noch ein wenig konkreter: „Das Landeswappen besteht aus einem mit dem
österreichischen Erzherzogshut gekrönten, gespaltenen
Schild, der heraldisch rechts einen goldenen Adler mit roter
Zunge und roten Krallen im schwarzen Feld zeigt, heraldisch links dreimal von Silber und Rot gespalten ist. Der
Erzherzogshut kann weggelassen werden."
Die ersten Darstellungen davon finden sich bereits 1384 und
sind seit damals im Wesentlichen (siehe gleich) unverändert.
Fad eigentlich. Vermutlich geht das Wappen Oberösterreichs
auf ein etwas älteres Wappen der Herren von Machland

zurück, die aber schon gut 200 Jahre zuvor ausstarben. Allerdings wurde das ursprüngliche Wappen an Österreich angepasst. Das Original hatte nämlich einen silbernen Adler auf rotem Grund und eine dritte silberne Säule. Die Adaption brachte den nunmehr vergoldeten Adler optisch näher an die goldenen Lerchen, äh, Adler von Niederösterreich (Wappen „Alt-Österreich") und das rot-weiß-rote Bindenschild („Neu-Österreich") heran. Es gehört damit zu den ältesten österreichischen Wappen, was man auch am Stephansdom in Wien sehen kann: An einer Außenseite, genauer an der „Sohlbank" der südlichen Turmseite (errichtet zwischen 1386 und 1395), ist das oberösterreichische Schild in Stein gehauen neben den Wappen für die Steiermark, Niederösterreich und dem Bindenschild zu bewundern.

Nettes Detail: Der Hut, den das Wappen gelegentlich trägt, ist konkreterweise kein Herzogshut, sondern ein *Erzherzogshut*, betont also den von Rudolf IV. erfundenen und erfolgreich gefälschten Titel.

Obwohl sich inhaltlich sonst nicht viel getan hat, gab es zeitweise auch ein „großes Wappen" mit prunkvoller Helmzier, die der heute noch in Kärnten üblichen (siehe oben) nicht ganz unähnlich war. Auch hier wächst aus einem Ritterhelm mit Krone samt wegwehenden Teppichen etwas. Diesmal allerdings statt einem fantasievollen Pfauenfedernbüffelhorn – Ta-daaa! – ein goldener Adler. Und damit diese unkreative quasi Symbolverdoppelung nicht allzu deutlich auffällt, hält der Adler noch eine Waage im Schnabel – ein Hinweis auf die eigene Gerichtsbarkeit. Die Waage des

Adlers endet jedoch nicht immer in Waagschalen, manchmal baumeln auch sechs Kugeln daran, drei links, drei rechts, die eher an das alte Zeichen für Pfandleihhäuser erinnern. Insgesamt jedenfalls ein ziemlich bombastischer und leicht irrer Anblick. Ach Wappenmaler, man muss sie einfach mögen.

Am Linzer Rathaus sieht man übrigens noch eine Renaissancevariante des Wappens: Hier hält ein winziger Löwenkopf mit trauriger Mimik, die an Zahnschmerzen gemahnt, fast ganz verdeckt von dem überdimensionalen Erzherzogshutkronendings, scheinbar das restliche Wappen im Maul. Oder verbeißt sich darin. Insgesamt sieht das Ganze so ähnlich aus wie Prince John mit der übergroßen und immer verrutschenden Krone von Richard Löwenherz in Walt Disneys „Robin Hood". So. Das war's aber auch schon mit lustig. Darum flugs zum nächsten Wappen.

SALZBURG:
FALSCHES ROT-WEISS-ROT

Wer auch immer in der Situation war, die österreichischen Wappen und ihre Bestimmung zu erlernen, ob in der Schule, um sich als Wölfling ein Spezialabzeichen zu verdienen, oder um die Staatsbürgerschaft zu erlangen, der weiß: Die optische Unterscheidung zwischen Oberösterreich und Salzburg ist echt a Hund'! Dabei kommen auf den Wappen gar keine Hunde vor. Kleiner Scherz.

Im Detail sehen sie natürlich ausreichend anders aus, bei einem nur flüchtigen Blick kann man sie aber leicht verwechseln. Beide mit heraldisch rechts blickendem Tier auf der von vorne gesehen linken Seite, beide rot-weiß-rot auf der rechten Seite. Dass das eine ein Adler, Gold auf Schwarz, das andere praktisch sein Negativ, Schwarz auf Gold, und ein Löwe ist sowie dass das eine vier vertikale Rot-Weiß-Streifen, das andere drei horizontale hat – das muss ein überfordertes Gehirn erst einmal auseinanderdröseln. Die Version mit (identem) Hut macht die Sache noch schlimmer. Außerdem kommen die beiden in den meisten Abbildungen alphabetisch bedingt stets gleich hintereinander. Davon, dass das Kärntner Schild noch ähnlicher aussieht, außer, dass es drei Löwen hat, wollen wir lieber schweigen.

Aber egal, bleiben wir beim gegenständlichen Gegenstand der Betrachtung. Im Landesverfassungsgesetz 1999 (LGBl. Nr. 25/1999) Artikel 8 (1) heißt es dazu: „Das Wappen des Landes Salzburg ist das historische Wappen. Es besteht aus einem gekrönten gespaltenen Schild: rechts in Gold ein aufrechter, nach rechts gewandter schwarzer Löwe, links in Rot ein silberner Balken." Dem fügt ein Text der Landesregierung noch hinzu: „Am oberen Schildrand ruht außerdem der Fürstenhut mit fünflappigem Hermelinstulp samt purpurner Haube, darauf drei perlenbesetzte Spangen, inmitten der goldene Reichsapfel."

Kleine Lesehilfe: Es heißt „Hermelin-Stulp" und nicht „Hermenlins-Tulp" und hat daher nichts mit einer Blume zu tun. Aber bleiben wir doch kurz beim Hut. Während der Monarchie hatten alle Wappen der Kronländer beziehungsweise Herzogtümer einen Herzogshut (und gelegentlich mehr Klimbim wie noch heute das von Kärnten). Das von Niederösterreich hat seinen verwandelt, Oberösterreich hat ihn noch immer … und Salzburg – ja nur von 1806 bis 1918 Teil der Habsburgermonarchie – hat seinen *eigentlich* auch noch immer. Zumindest sieht er fast genauso aus wie der von Oberösterreich. Aber er heißt eben nicht Herzogs-, sondern Fürstenhut. Weil wenn schon (historisierend), denn schon. Soll heißen, er erinnert an die Periode Salzburgs als Fürsterzbistum (sagen Sie das drei Mal schnell hintereinander) vor 1806. Allerdings trug das Wappen nicht immer einen fürsterzbischöflichen Hut, sondern auch mal eine bischöfliche Mitra. Oder zur Abwechslung einen neckischen Legatenhut – nebst Bischofsstab und Schwert. Sieht ganz so aus, als hätte es schon vor dem letzten Papst modebewusste Kirchenführer gegeben.

Die Interpretation der restlichen Details ist umstritten, historisch ausgesprochen kompliziert und – außer für einschlägige Geschichtsfanatiker – schnarchfad.

Hier die Kurzfassung: Es handelt sich wieder um so eine Spanheimer-Staufer-Babenberger-Familiengeschichte, es kommt auch ein ehemaliger Panther vor und vermutlich ist das Salzburger Wappen im Endeffekt auch deshalb eng mit dem Kärntner Wappen verwandt, weil seine jeweiligen Träger Brüder waren. Und damit sie nicht zu ähnlich wurden, kam eben nur einer statt drei Mödlinger Löwen auf das Schild. Oder aber es ist ein Staufer-Löwe. Dann wäre er über die Wittelsbacher mit dem bayrischen Löwen verwandt. Was nicht unlogisch klingt, da die Staufer ursprünglich vermutlich aus Salzburg stammen. Ja, ich bin auch verwirrt.

Das – wenn man so will – Spannendere an dem Wappen ist, dass das Bindenschild rechts (heraldisch links) vielleicht gar nicht das österreichische Rot-Weiß-Rot der Babenberger und Habsburger darstellt, sondern – Trommelwirbel – irgendetwas anderes. Soll heißen, seine Herkunft ist ungeklärt (Echo: ungeklärt, ungeklärt …) Sprachs, wandte sich hohl lachend um und verschwand im Nebel der Geschichte. Seltsam, aber so steht es geschrieben …

STEIERMARK:
UNANSTÄNDIGES ALL-TIER

So, jetzt endlich die Steiermark. Denn deren Wappen ist der eigentliche Grund und die ursprüngliche Rechtfertigung für dieses Kapitel. Nicht nur hebt es sich durch sein knalliges Grün von dem doch etwas eintönigen Rot-Weiß-Gold der anderen Wappen ab, auch inhaltlich ist das Wappen ein echter Knaller. Oberflächlich ist die Sache schnell abgehandelt: Der Panther war einst das Wappentier der Otakare (beziehungsweise Ottokare), das Grün stammt von den Wildoniern, Marschälle der Steiermark, beides zusammen wurde dann auf das Land übertragen, dessen Farben zuvor eigentlich Schwarz-Weiß waren. Das Wappen war von Anfang an auffällig und wurde schon im Mittelalter bedichtet wie in diesem entzückenden Reim aus einer Schlachtbeschreibung (1315): „ein banier grüene als ein gras / darin ein pantel swebte / blanc, als ob ez lebte." Offiziell klingt das heute etwas trockener (§ 1, Gesetz vom 20. November 1979 über den Schutz des steirischen Landeswappens): „Das Wappen des Landes ist in grünem Schild der rotgehörnte und gewaffnete silberne Panther, der aus dem Rachen Flammen hervorstößt. Der Wappenschild trägt den historischen Hut."
Den historischen Hut lassen wir einmal beiseite, den kennen

wir schon von anderen Bundesländern. Interessant an diesem Text ist, dass wir hier wieder auf einen heraldischen Ausdruck stoßen, den ich bei der Interpretation des Kärntner Wappens unkommentiert durchgehen hab lassen, nämlich „gewaffnet". Der schon weit oben zitierte Herr Siebenkees lässt uns diesbezüglich im Dunkeln, glücklicherweise kann uns aber das Buch „Altbayerische Heraldik" (Heraldisches Institut, 1870) von Otto Titan von Hefner (ehrlich, ich erfinde das nicht!) weiterhelfen. Er schreibt: „Gewaffnet sagte man von heraldischen Thieren, wenn man berufen will, von welcher Tinktur die Waffen dieser Thiere seien. Unter Waffen versteht man bei Löwen, Bären, Wölfen: die Krallen an den Füssen und die Zähne, bei Hirschen, Böcken, Widdern: die Klauen, Hörner und Geweihe (…), bei Einhörnern [!]: die Hufe und das Horn (…), bei Greifen [!]: die Vorder-(Vogel-)Füsse und den Schnabel. Da altem Gebrauche nach die Waffen der Thiere immer abstechen und von der Tinktur der Figur selbst, wie von der ihres Feldes gemalt worden, so beruft man dieß, indem man z. B. sagt: ein roth-gewaffneter silberner Adler in Schwarz, oder: ein gold-gewaffnetes silbernes Einhorn in Blau u .s .w."
Mit anderen Worten: Die Krallen des Panthers sind sichtbar und anders gefärbt. Ergo gewaffnet. In anderen Texten steht dafür meist „bewehrt".
Wie man allgemein weiß und wie es steirische Schulkinder auch brav lernen, handelt es sich bei dem Wappentier der Steirer um einen Panther. Um einen *weißen* Panther. Vermutlich also ein Albino. Dass der Panther aufrecht geht, was

Vertreter seiner Art eigentlich selten bis nie tun, wollen wir hier einmal außer Acht lassen. Auch dass er eine gehörnte Katze ist (gut, das mit dem Gehörntsein haben Wappentiere gelegentlich so an sich, egal was die Natur dazu sagt). Dass er Feuer speit und vor allem wo er Feuer speit macht ihn allerdings noch eine Stufe kurioser. Verweilen wir doch kurz bei diesem Punkt. Denn im Prinzip handelt es sich bei dem steirischen Wappen um eine gemilderte, sozusagen politisch korrekte Darstellung des eigentlichen Wappentiers. Nur das Grazer Wappen, das den Panther noch in seiner Ursprungsform zeigt, enthält all die im Lauf der Geschichte herausretuschierten Details. Der gute silberne Panther speit dort – wie bereits angedeutet – nämlich nicht nur Feuer, ihm schießen die Flammen auch aus anderen Körperöffnungen heraus. Namentlich aus seinem Hinterteil (!), was ich – Stichwort Pupse anzünden – irgendwie noch nachvollziehen kann, da so etwas auch heute noch unter Jugendlichen verbreitet ist, wie man es an vielen mehr oder weniger schmerzhaft endenden Videos im Internet überprüfen kann. Zudem schießen dem armen Panther die Flammen aber auch noch dort heraus, wo man sein Gemächt (!) vermuten würde, heraldisch oder nicht.

Wobei der Panther auch mit ziemlicher Sicherheit männlich ist, weil er auf dem eigentlichen, offiziellen Wappen durchaus einen Phallus zeigt, zwar fellbedeckt, aber durchaus ersichtlich und stattlich. Dieser verschwindet bei vielen „entschärften" Darstellungen jedoch meist, entweder (alter Trick) im Schatten oder er fehlt einfach (feig). Des Panthers

Zensur ist übrigens gar nicht so lang her. Erst 1926 setzte eine Landtagsabgeordnete namens Frida Mikula die Eliminierung der Flammen wegen vermeintlicher Obszönität durch, nur die aus dem Mund nicht. Dass dem armen Tier, um das Genitale zu verlassen, im Original darüber hinaus auch noch Flammen aus dem Ohr (!) schießen, legt dem Betrachter wieder eine medizinische Deutung nahe, sagen wir mal Mittelohrentzündung. Insgesamt wirkt der originale steirische und aktuelle Grazer Panther jedenfalls so, als hätte er eine Packung Schnellanzünder verschluckt und mit ein paar Streichhölzern nachgespült.

Dieses ganze Geflamme lässt sich allerdings leicht erklären, man könnte fast sagen, es löst sich in Rauch auf, wenn man sich näher mit der Herkunft des Tieres auseinandersetzt. Schnell stellt sich dann nämlich heraus, dass der Panther gar keiner ist – was im Übrigen für alle heraldischen Panther gilt. Es handelt sich um eine Verballhornung. Ein erster Schritt in Richtung Lösung des Rätsels ist bereits, dass der Panther öfter auch als „Panther*tier*" bezeichnet wird. Und das ist in diesem Fall keineswegs eine dichterische Ausschmückung, sondern ein veritabler etymologischer Hinweis. Denn der Panther ist eigentlich ein Pan-Tier (griechisch *pan* = alles), ein All-Tier also, das einem „Greif" oder „Wolpertinger" wohl näher ist als der Großkatzengattung. In einem Text der Grazer Stadtverwaltung heißt es dazu: „Der Panther in dieser Form ist ein Fabeltier mit Pferdekopf, Löwenmähne, Löwenschwanz, dicht bezottelten Hinterläufen, kurzen Stierhörnern und Klauen, das aus seinem Maul

Feuer speit. Die Figur stammt aus dem Physiologus, einem naturkundlichen Buch des zweiten nachchristlichen Jahrhunderts."

Genauer gesagt handelt es sich beim „Physiologus" um ein frühchristliches (2.–4. Jahrhundert) Kompendium der Tiersymbolik. Zur Unterstreichung der Tatsache, dass der Panther eigentlich ein Fabeltier ist, sei hier noch erwähnt, dass es auch andere Versionen des All-Tiers gibt: Es gibt All-Tiere mit Pferdeköpfen, mit Drachenköpfen – wie das steirische, hier irrt der Grazer Text – und in Italien trägt der Panther sogar einen Hasenkopf. Das Wappen der Stadt Steyr, das dem der Steiermark entspricht, zeigte in früheren Darstellungen schließlich einen „Panther" mit Adlerkopf.

Es wird aber noch skurriler. Denn auch die Flammen des Wappens sind eigentlich keine Flammen. Und auch keine Waffen oder Symbole von Wehrhaftigkeit. Aber der Reihe nach. Lassen wir zuerst noch einmal Otto Titan von Hefner zu Wort kommen. Im Glossar seines Buches schreibt er: „Feuerspeiend sind Thiere (Schlangen, Greife, Panther oder Stiere), aus deren Rachen, Nasenlöchern und Ohren (naiverweise sogar auch aus der verkehrten Fronte) Flammen hervorbrechen." Und wie wir wissen bricht auch beim Steirischen Panther ursprünglich was aus der verkehrten Fronte hervor.

Die Beschreibungen waren aber nicht immer so dezent, so wurde das Wehrhafte des All-Tiers auch schon folgendermaßen beschrieben (Landeshandfeste, 1523): „Nemo Styrorum Pantheram tangere tentet. Ructat ab ore ignem posteriusque cacat." Soll heißen: „Niemand wage es, den Panther der Steirer zu reizen. Sein Maul versprüht Feuer und sein Hintern kackt es." (Übersetzung des Autors.) An offiziellen Stellen wird der letzte Teil meist harmloser und sprachlich fragwürdiger so übertragen: „Feuer versprüht sein Maul, Feuer der Hintere auch."

Und das mit dem Wehrhaften, obzwar eigentlich ein Missverständnis, führt uns zu der eigentlichen symbolischen Bedeutung der Flammen. In einem anderen Text der Landesverwaltung wird folgende Sage (Quelle: Johann Schleich Hg., „Der steirische Sagenschatz", Graz, 1999) zitiert: „Von diesem Panther erzählen sich die Grazer, dass er ein friedfertiges Tier sei und sehr viel und sehr gerne fresse. Ist er sattgefressen, zieht er sich in seine tiefe Höhle zurück, wo er drei Tage lang durchschläft. Beim Erwachen lässt er ein mächtiges Gebrüll erschallen, das einst über ganz Graz zu hören war. Dabei entströmt seinem Rachen ein Duft von betörender Süße, der alle Tiere der Umgebung anlockt. Diese werden somit zu einer leichten Beute des Panthers. Dieser Duft ist so gewaltig, dass er alle Wohlgerüche der Welt übertrifft. Der einzige Feind des Panthers, der Drache, der in einer Schöcklhöhle lebt, flieht vor diesem süßen Atem in die tiefste Stelle seiner Höhle und fällt dort in eine todesähnliche Erstarrung."

In älteren Texten heißt es zwar auch, dass das Panthertier Düfte verströmt, aber zu einem ganz gegensätzlichen Zweck. Dort nämlich ist der Panther der beste Freund aller Tiere (deswegen All-Tier), die sich wegen seines anziehenden, süßen Wohlgeruchs um ihn versammeln.

Die zitierte Sage ist zwar interessant, wenn man aber tiefer gräbt, ist sie eigentlich eine ziemlich verwortakelte Version der ursprünglichen Symbolik. Hier steht der Panther nämlich schon für das Wehrhafte, allerdings das wehrhafte Christentum. Ja, gelegentlich wird er als ein Symbol für Christus selbst gesehen, das zeigt unter anderem der Verweis auf das „Auferstehen" nach drei Tagen in einer Höhle. Die angelockten Tiere stehen in weiterer Folge für Juden und Heiden, die sich zu ihm bekennen. Der besiegte Drache aber steht für den Teufel.

Daraus ergibt sich für die Flammen, und das steht auch so in den Quellen, dass sie eben keine sind. Vielmehr symbolisieren sie die Wohlgerüche, die dieser Panther versprüht. Und zwar offenbar vorne wie hinten. Ich trau's mich eigentlich gar nicht recht so zusammenzufassen, aber de facto zeigen das ursprüngliche steirische Wappen und das Grazer Wappen Jesus, der Wohlgerüche pupst ...

Um nicht ganz profan bis häretisch zu enden, sei noch erwähnt, dass der steirische Panther laut Peter Diem (in: „Die Symbole Österreichs", Wien, 1995) als besonders identitätsstiftend für das Land gilt, seit mehr als 750 Jahren mehr oder weniger unverändert in Gebrauch ist und „zusammen mit dem rot-weiß-roten Bindenschild eines der ältesten und ehrwürdigsten Staatssymbole Europas ist".

TIROL:
ACHSELKLEE

Im Vergleich zum steirischen Panther ist der Tiroler Adler ein eher harmloser Fall. Vor allem auch deswegen, weil seine Herkunft unumstritten und (leider) auch ohne weiteren besonderen Background ist. Kurz: Das Wappen war das der Grafen von Tirol, die Tirol quasi erfunden haben (genauer gesagt haben sie sich in einer kaiserlosen Zeit geschickt von Bayern abgespalten, „Occupy Tyrol" sozusagen). Ihre Nachfolger übernahmen deren Wappen dann als Landeswappen. Punkt. Wieso es aber ein Adler ist (außer den üblichen Bedeutungen des Aars als Wappentier) und warum in rot, steht nirgends – und das weiß wohl auch keiner, obwohl seine Farbe schon früh besonders betont und später in einem zum Volkslied gewordenen Gedicht gleich mehrfach gedeutet wurde – „rot wie der Feuerwein", „rot wie die Sonne" (ein Verweis auf das Alpenglühen?) und „rot wie das Feindesblut". Ein wenig mehr lässt sich zu seinem Beiwerk sagen, daher vorab wieder ein wenig Gesetzestext (§ 1, Tiroler Landeswappen: Das Landeswappen des Landes Tirol ist nach Art. 6, Abs. 1 der Tiroler Landesordnung 1989, LGBl. Nr. 61/1988): „Im silbernen Schild der golden gekrönte und bewehrte rote Adler mit goldenen Flügelspangen mit Kleeblattenden und einem grünen Kranz hinter dem Kopf."
Fix ist diese Kombination übrigens erst seit 1921. Davor variierten, mal abgesehen von diversen Wappenkopfbedeckungen und Schildzier, die genannten Einzelteile in ver-

schiedenen Kombinationen. So wurde der Adler erst eher spät gekrönt (um ca. 1400) und zwischendurch immer wieder seiner Krone beraubt. Der grüne Kranz, auch „Ehrenkränzel" genannt, tauchte noch viel später (um ca. 1800) erstmals auf. Und zwar zunächst direkt über ihm, dann wanderte er halb hinter seinen Kopf und schließlich noch tiefer in die heutige Position. Womit seine Reise vorerst beendet ist, aber was weiß man, wo der in ein paar Jahrhunderten noch hinwandern wird. Dieser Behübschung jedenfalls verdankt der Adler auch seine optische Unterscheidbarkeit zum Brandenburger Adler, dem er lange Zeit bis auf die Feder glich, obwohl die beiden historisch nicht miteinander verwandt sind.

So. Aber Moment. Da war doch noch was? Ach ja, die „goldenen Flügelspangen mit Kleeblattenden". Oder anders gesagt: hä? Okay, dann also wieder ein beherzter Kopfsprung in die schrullige Fauna und Flora heraldischer Untiefen. Oder besser – vielleicht dauert Ihnen das Kapitel ja auch schon zu lange – gleich die Kurzfassung: Manche Schilde, hier besonders die mit Adlern, hatten immer wieder eine Art Halskette mit Metallplatten umhängen (Binde genannt), die später zu einer Metallspange (Brustmond, Brustsichel oder Brustspange genannt) vereinfacht wurde. Diese Halsketten gab's zunächst recht oft auch in 3D auf dem Schild, weshalb sie an den Sachsen oder Saxen (Flügelknochen beziehungsweise mit Federn besetzte „Achseln" des Adlers) real festgenietet werden mussten. Und damit das schöner aussah, verzierte man die Nieten. Diese realen Vorlagen haben sich in den gemalten Abbildungen der Schilde optisch dann natürlich gewandelt. So haben Brustsicheln an ihrem Ende meistens nix (sonst wären sie ja keine Sicheln mehr). Wenn sie aber bei der Brust unterbrochen werden, was sie, wie unlogisch das auch sein mag, von den heraldischen Gralshütern aus „dürfen", dann enden sie meist in – voilà: dreiblättrigen Kleeblättern. Das Ganze heißt dann „Klee-stängel". Und obwohl Kleeblätter durchaus auch eine wappenkundliche Bedeutung haben, stehen sie bei Binden eigentlich nur für die Stelle, an der genagelt wurde. Die Stängel des Tiroler Adlers waren übrigens vor ihrer Festle-gung manchmal, ebenso wie die Krone, auch silbern. Das war's. Viel Kurioseres als Kleeblätter in den Achseln hat Tirols Wappen leider nicht zu bieten. Und so schließe ich mit der akustischen Vorstellung, wie ein Tiroler wohl „Saxen" sagt …

VORARLBERG:
IRRTÜMLICHE LÄTZE
À LA JAPONNAISE

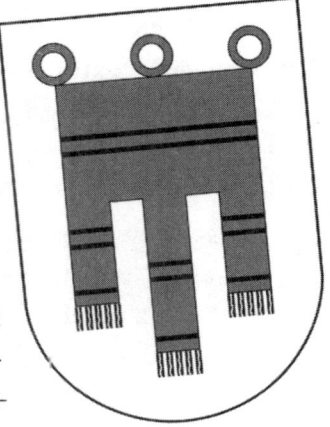

Vorarlberg ist anders. Das zeigt jede Statistik, von der Lebenserwartung bis zur Lebenseinstellung seiner Bewohner und Bewohnerinnen. Und das gilt auch für das Wappen des Landes. Denn neben Wien, das als Hauptstadt wappenmäßig den Staat widerspiegelt, ist Vorarlberg das einzige Bundesland, das sich kein Wappentier leistet. Doch sogar Wien hat einen Teilzeitadler, wenn auch nur im Großen Wappen. Dieser Mangel liegt weniger an der sprichwörtlichen Sparsamkeit im Ländle (eine offenbar panalemannische Eigenschaft), obwohl das Wappen auch sonst optisch sparsam ausfällt, sondern schlicht an der Herkunft des Symbols. Dazu gleich mehr.

Dafür, dass sich auf dem Schild eigentlich nicht viel tut, ist die offizielle Beschreibung recht kompliziert (Legaldefinition § 3, Abs. 2 des Gesetzes über die Landessymbole): „Auf dem silbernen Schild ruht das mit drei gleich breiten, schwarz befransten Lätzen versehene rote Montfortische Banner, das am oberen Rande drei rote Ringe trägt. Das obere Feld des Banners ist mit zwei, die Lätze sind mit drei schwarzen Querlinien durchzogen."

Gut, das Wappen geht also auf das Banner der Montforter (lateinisch *mons fortis* = starker Berg) zurück und ist inhaltlich, Achtung neues Wort, ein Gonfanon. Das hat nix mit Lautstärke zu tun, sondern stammt von altfränkisch *gundfano*, was so viel wie „Kampffahne" bedeutet. Später begann man aber, darunter eine „Kirchenfahne" zu verstehen. Und Kirchenfahnen wiederum werden gerne bei katholischen Prozessionen vor den Geistlichen und ihrer Gemeinde hergetragen. Kirchenfahnen sind eigentlich nur selten auf Schilden zu finden, dafür aber öfter als „Prachtstücke", also als Schildzier rundherum. Auch hier vermutet der Schelm wieder, dass die Montafoner auf Prachtstücke vielleicht aus Sparsamkeit verzichtet und lieber gleich eines davon als Motiv verwendet hätten.

Bei der heutigen roten Version allerdings handelt es sich um die Kriegsflagge der Montafoner. Die Friedensversion war schwarz mit weißen Balken – wie heute noch im Wappen von Feldkirch. Die erste Fassung des Wappengesetzes (1918) bezeichnete das Landeswappen sogar noch als das „Montfortische rote Kriegsbanner". Also so ähnlich wie die Fahne Japans, die auch in zwei Versionen für Friedens- (roter Ball auf Weiß) wie Kriegszeiten (roter Ball auf Weiß mit Strahlen) existiert. In der Monarchie übrigens gab es ab 1861 das erste Wappen symbolisch für Vorarlberg als zusammenhängendes Gebiet beziehungsweise Kronland. Es bestand aus den Wappen seiner Teile, neun an der Zahl. Gut und schön, aber wieso nahmen die Montforter damals eine Kirchenfahne? Fromm waren die Geschlechter damals alle. Die Lösung des Rätsels liegt viel tiefer in der Geschichte begraben und ist ziemlich kurios. Die Montforter stammten nämlich von den Pfalzgrafen von Tübingen ab, die dasselbe Wappen führten (nur auf gelbem Grund).

Von diesem Wappen leitete sich übrigens nicht nur das der Vorarlberger ab, sondern auch das der Familien Fürstenberg, eben Montfort, Werdenberg und Windisch-Graetz sowie diverse Kommunalwappen in Deutschland, Frankreich, Liechtenstein und der Schweiz.

Das Problem ist jetzt aber: Normale Kirchenfahnen haben selten Lätze, sie hängen nicht oft nach unten und wenn, dann nur an einem Ring – und bei einer horizontalen Fahne ergeben die drei Ringe auch keinen Sinn. Außer wenn Hildebrecht Hommel in seinem „Sitzungsbericht der Heidelberger Akademie der Wissenschaften" (1981) namens „Antike Spuren im Tübinger Wappen" Recht hat. Dann handelt es sich bei der Fahne nämlich um eine irrtümliche Umdeutung. Ein alter Pfalzgraf, so Hommel, verwendete einst wohl die „Incusenmünze von Kroton" als Siegel. Und diese Münze zeigt eigentlich einen Dreifuß, also ein dreibeiniges antikes Gefäß inklusive der drei Ringe – die Ringhenkel des Gefäßes. Die Münze sieht wirklich genau so aus wie das Wappen (leicht nachzugoogeln).

Der Freund des Kuriosen in mir will das natürlich gerne glauben. Allerdings hat mir die Recherche noch einen Haufen anderer Gonfanons, also echte Kirchenfahnen – besonders in Italien und Frankreich – beschert, die in allen möglich Farben daherkommen, sonst aber dem Montforter-Tübinger Teppich sehr wohl genau gleichen: vertikal, drei Streifen, der mittlere länger, drei (Vorhang-)Ringe. Also, wer weiß.

WIEN:
WECHSELVOLLES WAPPEN

Die Geschichte des Wiener Wappens ist eine Geschichte voller Missverständnisse. Oder eigentlich eher Widersprüche und Wechselfälle. Vor allem stellt sich die alte Frage: Was war zuerst da? Der Adler oder das Kreuz? Tatsache ist, dass beide im Zusammenhang mit Wien ab dem 13. Jahrhundert auftauchen und dann immer wieder entweder einzeln oder in Kombinationen verwendet wurden.

Der Adler ist jedenfalls ursprünglich derjenige der Babenberger. Im Lauf der Zeit hatte er eine wechselnde Anzahl von Köpfen (1–2) sowie verschiedene Kopfbedeckungen oder auch gar keine. Die längste Zeit trug das Wiener Wappen einen Doppeladler (Gelb auf Schwarz) mit Kaiserkrone, mal mit und mal ohne Bindenschild auf der Brust. Nämlich von 1465 bis in die Erste Republik (1925). Eigentlich erhielt Wien das Privileg des Kaiserdoppelkopfes (ohne Schild) schon 1461 vom damaligen Kaiser Friedrich III., dann gab's aber Streit und Ihre Hoheit nahm 1463 Wien das Wappen weg – und schenkte es den Kremsern, die es bis heute führen. 1465 versöhnte man sich aber wieder, erhielt das Federtier zurück und versah es semioffiziell mit dem Bindenschild, das verstärkt immer wieder auch solo verwendet wurde. Das offizielle Siegel aber zeigte immer den Adler als Zeichen der Haupt- und Residenzstadt. Außerdem flatterten hinter den Köpfen des Adlers – meistens – auch noch (mit Edelsteinen) geschmückte Bänder. Zudem waren die Köpfe nimbiert. Was so viel heißt wie „mit

Nimben versehen". Alles klar? Falls nicht: Nimben ist die Mehrzahl von Nimbus und Nimbus bedeutet nicht nur wie im allgemeinen Sprachgebrauch üblich Ruhm, Ruf und besonderes Ansehen, sondern auch (ursprünglich) Heiligenschein. Kurz: Die Adlerköpfe haben auch einen beziehungsweise deren gleich zwei. Und zwar gefüllt wie Suppenteller.

Vorerst. In der Wappenurkunde liest sich das so: „(…) daz Sy den Schilt mit dem Guidein Adler in den swartzen Veld so Sy vorher löblich geprauhet vnd gefürt haben, nu hinfür zu ewigen zeiten denselben Adler mit zwayn haupten geziert mit Irn dyademen und zwischen denselben haupten ain Kaiserliche Kron auch von Gold in demselben Swartzen Veld des Schildes (...) geprauchen mügen."

Außerdem bestanden durch die Schlamperei eines Siegelstechers des ersten offiziellen Amtssiegels, der statt geschlossenen offene Nimben geschnitzt hatte, jahrhundertelang eigentlich falsche Varianten neben den richtigen.

Diese Darstellung des Wiener Wappens in den erwähnten Variationen hielt sich fast ein halbes Jahrtausend. Auch nach dem Ende der Monarchie blieb es noch eine Weile bestehen. Erst ein Konflikt über die Dienstabzeichen ehemals niederösterreichischer und nun Wiener „Flurhüter" nach der Trennung der beiden Bundesländer (siehe Mikroeintrag → *St. Pölten*) stieß die Debatte neu an.

Und so entledigte sich das Rote Wien 1925 des gelben Doppeladlers und machte erstmals das Schild alleine zum offiziellen Logo der Stadt. Gleichberechtigt war auch ein degradierter Adler – einköpfig, ungekrönt, ohne Bänder, unnimbiert, aber immer mit Brustschild – als Zeichen Wiens. Doppeladler jedoch sind ähnlich wie Phönixe. Und so taucht der unsrige aus der Asche der Geschichte auch wieder auf. Und zwar bereits 1934, nach verlorenem Bürgerkrieg, im Ständestaat. Jetzt allerdings fix mit Brustschild. Außerdem wieder mit Kaiserkrone, Bändern (nun aber ungeschmückt, offenbar konnte man sich die Edelsteine nicht mehr leisten) und mit ungefüllten Nimben – also Kreisen beziehungsweise großen O's. Damit wies das Wiener des Ständestaats auch eine 00 im Wappen aus, aber wer würde hier schon fäkalische Gedanken hegen ... Auch in jener darauffolgenden Zeit zwischen 1938 und 1945 blieb es beim Doppelkopf. Zwar trug der Adler dann *à la mode* statt der gewohnten Habsburger Hauskrone (stilisiert) die römisch-deutsche Reichskrone (der echten, inzwischen durch die Nazis nach Nürnberg entführten Krone wohl sozusagen zum Trost nachempfunden), aber das ist ein Detail.

Nach dem Krieg schlug dann endgültig die Stunde und Alleinherrschaft des gekreuzten Bindenschilds. Mit Einschränkungen, aber dazu etwas später. Und deswegen geht's vorerst wieder gut 1.000 Jahre zurück, denn über den Ursprung des Schildes haben wir noch gar nicht gesprochen. Wobei, das weiße Kreuz auf rotem Grund erklärt sich vergleichsweise simpel, wenn man es etwa mit dem steirischen

Panther vergleicht. Es ist nämlich ein christliches Symbol. Überraschung. Zurück geht es vermutlich auf die Kreuzzüge, wo ein weißes Kreuz auf rotem Wimpel als „Reichssturmfahne" (Achtung, nicht Reichsturm- oder Reichtumsfahne) zuerst die deutschen Kreuzritter, später die allgemeine Zugehörigkeit zum Reich (nämlich zum Heiligen Römischen Reich) repräsentierte. Vermutlich stammt davon, neben der Fahne und dem Wappen der Schweiz, auch die dänische Fahne ab. Weshalb man aus den drei Standorten – künftige Verschwörungstheoretiker aufgepasst! – ein gleichschenkeliges Dreieck basteln könnte, das dann Richtung Norwegen zeigt. Warum auch immer. Vielleicht liegt dort ja der Gral. Allerdings macht die Tatsache, dass Savoyen ebenfalls dieses Zeichen hat, damit also wohl eher die Erklärung naheliegt, dass die Grenzgebiete des Heiligen Römischen Reiches mit einem starken Symbol der christlichen Wehrhaftigkeit besetzt worden waren, diese These wieder kaputt. Oder auch nicht, das sollen sich andere wirre Köpfe überlegen.

Witziges Detail am Rande: Die Eidgenossen führten das rot-weiße Kreuz als Banner im Kampf gegen die Habsburger – die es dann ausgerechnet durch die Hintertür in Wien selbst als Symbol zurückbekamen. Wie ja die Habsburger, ein ursprünglich alemannisches Adelsgeschlecht, ähnlich der von ihnen so vehement verteidigten katholischen Kirche, alles an Symbolen aufgesogen haben, was unter ihren Herrschaftsbereich fiel: Adler, schwarz-gelb, rot-weiß-rot ... Dass das ursprüngliche Wappen der Familie einmal ein roter Löwe mit blauer Zunge, Krone und Krallen auf gelbem Grund war, ist heute komplett vergessen. Obwohl der sich auf so manchem Sissi-Kaffeehäferl durchaus schmückend machen würde.

Jedenfalls ist das Wappen Wiens seit 1945 in der kleinen Form nur mehr das Kreuzschild. Das Große Wappen zeigt dazu einen eher simplen, unbehuteten Adler. Oder wie es im Gesetz über die Symbole der Bundeshauptstadt Wien heißt: „§ 1. (1) Das Wappen der Bundeshauptstadt Wien zeigt in einem roten Schild ein weißes Kreuz. Diese Form des Wappens darf von jedermann (…) verwendet werden.

(2) Das Wappen kann auch in Form eines Brustschildes in der Figur eines schwarzen, golden bewehrten Adlers verwendet werden. Diese Form des Wappens ist der Verwendung durch die Organe der Gemeinde Wien und des Landes Wien vorbehalten."

Weiters wird sogar nahegelegt, dass das Wappen mit Adler offiziell verwendet werden soll (muss?), was aber in der Praxis kaum befolgt wird und in der typisch wienerischen Schlampigkeit niemanden besonders zu jucken scheint.

Das Wappen (sowohl groß wie klein) darf aber ausdrücklich nicht in Zusammenhängen verwendet werden, „die geeignet [sind], eine öffentliche Berechtigung vorzutäuschen (…)". Weshalb, und jetzt wird es ein wenig kafkaesk, etwa die Wiener Linien, die Wiener Stadtwerke, Wien Energie etc. seit ihrer Umwandlung in privatwirtschaftliche Unternehmen das Wiener Wappen nicht mehr tragen dürfen! Was man etwa am schildlosen Rautenlogo der U-Bahnen erkennen kann. Wäre ja auch blöd, wenn ausgerechnet die Wiener Linien eine öffentliche Berechtigung für ihr Tun vortäuschen würden …

ÖSTERREICH:
DOCH KEIN TÜRKENBLUT

Das Wappen der Republik Österreich sieht dem Wiener Wappen recht ähnlich. Und ist gewissermaßen ebenfalls eine abgespeckte Variation des (kleinen) Reichswappens der Monarchie. Deren Doppeladler hatte: zwei Köpfe („goldbewehrt und rotbezungt"), beide mit kleinen Kronen, darüber noch eine große Krone, aus der zwei geschmückte Bänder wehten, ein dreigeteiltes Brustschild des „Hauses Österreich" mit Habsburg (roter Löwe), Österreich (rot-weiß-rot) und Lothringen (drei weiße schräge Adler auf roter Binde vor goldenem Grund), um das Schild die Kette des Ordens vom Goldenen Vlies, in der linken Klaue der goldene Reichsapfel, in der rechten Klaue Zepter und Schwert. Wir sprechen hier – wie gesagt – vom kleinen Wappen.

In der Ersten Republik wurde dann ein neues Staatswappen eingeführt, das dem heutigen ziemlich ähnlich sieht. Heute trägt der Bundesadler im Bundeswappen jedenfalls: einen Kopf (ebenfalls „goldbewehrt und rotbezungt"), heraldisch rechts blickend, eine Mauerkrone, ein Brustschild mit den Landesfarben, in der rechten Klaue eine goldene Sichel („einwärtsgekehrt"; Assoziationen zu Asterix sind nicht abgebracht), in der linken Klaue einen goldenen Hammer und schließlich, als echt cooles Detail des Nachkriegsadlers, gesprengte Eisenketten, die an beiden Beinen baumeln (Assoziationen zum Kinofilm „Gesprengte Ketten" von 1963 sind nur teilweise angebracht).

300 JAHR JUBILÄUM
ABWEHR DER TÜRKEN
VOR WIEN

MILITÄRKOMMANDO WIEN
DER TRADITIONSTRÄGER
12. SEPTEMBER 1983

Dieses nigelnagelneue Wappen wurde bemerkenswerterweise schon am 1. Mai 1945, also noch vor der Kapitulation Hitler-Deutschlands, eingeführt.

Das Wappengesetz 7/1945 lässt – was die Symbole betrifft – an Deutlichkeit keinen Zweifel. So heißt es im Artikel 1: „Die Republik Österreich führt das mit Gesetz vom 8. Mai 1919, St.G.Bl. Nr. 257, eingeführte Staatswappen, das die Zusammenarbeit der wichtigsten werktätigen Schichten: der Arbeiterschaft durch das Symbol des Hammers, der Bauernschaft durch das Symbol der Sichel und des Bürgertums durch das Symbol der den Adlerkopf schmückenden Stadtmauerkrone, versinnbildlicht, wieder ein. Dieses Wappen wird zur Erinnerung an die Wiedererringung der Unabhängigkeit Österreichs und den Wiederaufbau des Staatswesens im Jahre

1945 dadurch ergänzt, dass eine gesprengte Eisenkette die beiden Fänge des Adlers umschließt."

Federführend war hier Dr. Karl Renner, erster Kanzler sowohl der Ersten als auch – ein Vierteljahrhundert später – der Zweiten Republik. Allerdings hatte er wappenmäßig 1919 noch andere Pläne. Der Entwurf für das Wappen von „Deutschösterreich" bestand einfach aus einer Mauer mit Tor (= Bürger), aus der ein Ährenkranz wächst (= Bauern) und der zwei gekreuzte Hämmer (= Arbeiter) umschließt. Ganz federviehlos. Ästhetisch eher in die Kategorie „leider nein" einzuordnen.

Wie auch immer. Jedenfalls kann man spekulieren, dass der Wiener Adler ein Weibchen, der österreichische aber ein Männchen ist. Der Beleg für diese These findet sich am 1950 wiederaufgebauten Dach des Stephansdoms, wo beide nebeneinander als Mosaik aus Schindeln zu sehen sind. Allerdings blickt der Bundesadler – völlig unkorrekt und heraldisch ungesetzlich – nach links hin zum Wiener Adler. Der ihm offenbar den Kopf verdreht hat. (Danke wieder mal an Peter Diem für diese Erkenntnis.) Oder aber es sind doch beide Männchen …?

Noch kurz zum Rot-Weiß-Rot der österreichischen Fahne, um dafür nicht wieder ein eigenes Kapitel aufmachen zu müssen.

Klar ist, dass die Babenberger diese Farben mindestens ab 1230 führten. Woher sie die Farben hatten, ist aber nicht ganz so klar. Sicher ist jedenfalls, dass die Legende mit dem blutigen Gewand, die heute noch gern erzählt wird, nicht stimmt.

Kurzfassung: Im Dritten Kreuzzug, bei der Belagerung von Akkon (1189–1191), soll der Babenberger Herzog Leopold V. („der Tugendhafte") nach der Schlacht sein weißes, aber vom Feindesblut völlig rot gefärbtes Gewand abgelegt haben. Auch den Schwertgurt nahm er ab und das war die einzige Stelle, wo ein Streifen (oder „Binde") weiß blieb. Darauf soll Heinrich VI. ihm diese Farben zur Erinnerung an seine Heldenhaftigkeit verliehen haben. Auch das originale, wirklich ganz echte, garantiert nicht gefälschte Gewand wurde angeblich bis zur Zweiten Türkenbelagerung aufbewahrt, wo es dann verscholl. Die Legende allerdings wurde schon 1260 aufgeschrieben und politisch bis zur Begründung des neuen Wappens der k. u. k. Monarchie 1806 immer wieder aufgewärmt und benutzt. Auch die Bezeichnung „Bindenschild" ist hier weder Hinweis noch Beweis: Eine Binde (früher wirklich nur schmal) ist eine alte heraldische Bezeichnung für die mittlere Farbe von dreigeteilten Fahnen.

Heute ist klar, dass die Farben schon älter sind. Allerdings dürften sie wohl während der Kreuzzüge populär geworden sein, nämlich als Reichsbanner der Ritter (siehe oben bei Wien). Wie es nach aktuellem Stand der Forschung aussieht, dürften die Babenberger das Rot-Weiß-Rot von den Otokaren geerbt haben. Die es von den Traungauern geerbt hatten. Die es wiederum von den Eppensteinern geerbt hatten. Die Reiseroute lautete dabei Schwaben – Kärnten – Friaul – Steiermark – Österreich. Und da die Otokaren erst 1192 ausstarben und die Farben an die Babenberger vererbten, ist die Story von Akkon Makulatur. Ein Beleg für diese Genese ist auch das Wappen der steirischen Gemeinde Eppenstein, das aus Rot-Weiß-Rot (und Weiß-Rot) besteht.

Die Farben der Eppensteiner dürften wiederum auf ihr altes Wappen zurückgehen, das einen weißen, grinsenden Widderkopf auf rotem Grund zeigt. Zwar ist der Widder auch ein martialisches Zeichen der Wehrhaftigkeit. Aber jedenfalls ein sympathischeres als sich an jedem Nationalfeiertag von mit Blut von Menschen aus Ägypten, Turkestan, Syrien und Mesopotamien getränkten Rittergewändern umweht zu fühlen …

Heimatreich

LANDESHYMNEN

Viele Österreicher, in erster Linie Wiener, sind sich gar nicht bewusst, dass es in Österreich außer der (in letzter Zeit ja immer wieder umstrittenen) Bundeshymne auch für jedes Bundesland eine eigene Landeshymne gibt. Vor allem wohl deshalb – also im Fall der Wiener –, weil Wien als einziges Bundesland keine eigene offizielle Hymne hat. Allerdings kennen auch die meisten Bewohner der anderen Bundesländer nur ihre eigene Hymne und nicht die anderen. Zur Behebung dieser eklatanten Wissenslücken hier nun die jeweils erste Strophe der österreichischen Landeshymnen in alphabetischer Reihenfolge und nach Bundesland. Und da man mir ungerechterweise oft eine gewisse spöttische, ironische wenn nicht gar zynische Haltung vielem, wenn nicht gar allem gegenüber unterstellt, beiße ich mir fest auf die Zunge und lasse sämtliche hier wiedergegebenen Texte unkommentiert.

BURGENLAND:

„MEIN HEIMATVOLK, MEIN HEIMATLAND"

Mein Heimatvolk, mein Heimatland, mit Österreich verbunden!
Auf Dir ruht Gottes Vaterhand, du hast sie oft empfunden.
Du bist gestählt in hartem Streit zu Treue, Fleiß und Redlichkeit.
Am Bett der Raab, am Heiderand, Du bist mein teures Burgenland!
Am Bett der Raab, am Heiderand, Du bist mein teures Burgenland!

KÄRNTEN:

„KÄRNTNER HEIMATLIED" ODER
„DORT, WO TIROL AN SALZBURG GRENZT"

Dort, wo Tirol an Salzburg grenzt,
Des Glockners Eisgefilde glänzt;
Wo aus dem Kranz, der es umschließt
Der Leiter reine Quelle fließt,
Laut tosend, längs der Berge Rand,
Beginnt mein teures Heimatland.

OBERÖSTERREICH:

„HOAMATGSANG"

Hoamatland, Hoamatland, di han i so gern
Wiar a Kinderl sein Muader, a Hünderl sein Herrn,
Wiar a Kinderl sein Muader, a Hünderl sein Herrn.

NIEDERÖSTERREICH:

„OH HEIMAT, DICH ZU LIEBEN"

O Heimat, dich zu lieben, getreu in Glück und Not.
Im Herzen steht's geschrieben als innerstes Gebot.
Wir singen deine Weisen, die dir an Schönheit gleich,
und wollen hoch dich preisen, mein Niederösterreich.

SALZBURG:

„LAND UNS'RER VÄTER"

Land unsrer Väter, lass' jubelnd dich grüßen,
Garten behütet von ew'gem Schnee,
dunkelnden Wäldern träumend zu Füßen
friedliche Dörfer am sonnigen See.
Ob an der Esse die Hämmer sich regen
oder am Pfluge die nervige Hand,
Land unsrer Väter, dir jauchzt es entgegen:
Salzburg, o Salzburg, du Heimatland!
Land unsrer Väter, dir jauchzt es entgegen:
Salzburg, o Salzburg, du Heimatland!

„DACHSTEINLIED" AUCH „HOCH VOM DACHSTEIN AN"

Hoch vom Dachstein an, wo der Aar noch haust,
Bis zum Wendenland am Bett der Sav'
Und vom Alptal an, das die Mürz durchbraust,
Bis ins Rebenland im Tal der Drav'
Dieses schöne Land ist der Steirer Land,
Ist mein liebes teures Heimatland,
Dieses schöne Land ist der Steirer Land,
Ist mein liebes, teures Heimatland!

„LANDESHYMNE", AUCH „ZU MANTUA IN BANDEN"
(INOFFIZIELL AUCH „ANDREAS-HOFER-LIED")

Zu Mantua in Banden der treue Hofer war,
In Mantua zum Tode führt ihn der Feinde Schar.
Es blutete der Brüder Herz,
ganz Deutschland, ach, in Schmach und Schmerz.
Mit ihm das Land Tirol, mit ihm das Land Tirol.
Mit ihm das Land Tirol, mit ihm das Land Tirol.

VORARLBERG:

„'S LÄNDLE, MEINE HEIMAT"

Du Ländle, meine teure Heimat, ich singe dir zu Ehr' und Preis;

begrüße deine schönen Alpen, wo Blumen blü'n so edel weiß,

und golden glühen steile Berge, berauscht von harz'gem Tannenduft.

O Vorarlberg, will treu dir bleiben, bis mich der liebe Herrgott ruft.

O Vorarlberg, will treu dir bleiben, bis mich der liebe Herrgott ruft.

In **WIEN** gilt (inoffiziell) der „Donauwalzer" als Landeshymne. Aber der wird meistens ohne Text aufgeführt (siehe Mikroeintrag → *Donau und Donauwalzer*).

Pixel, Torten und gekürzte Kirchen

LINZ*, OBERÖSTERREICH

Die Wahrnehmung von Linz war in Österreich nicht immer unproblematisch und hat sich in den letzten Jahrzehnten mehrmals gewandelt. Von der von Hitler umworbenen „Perle an der Donau" über das Klischee der ständig von schlechter Luft überlagerten Industriestadt bis zur Kulturmetropole mit Brucknerfestival und weltberühmter Ars Electronica. 2009 wurde Linz schließlich sogar Kulturhauptstadt Europas und hat mittlerweile ein dem Modernen und auch der modernen Kunst zugewandtes Image. Als eine der Folgen von 2009 findet seitdem jährlich mit „Nextcomic" das einzige Comic-Kulturfestival Österreichs mit internationaler Bedeutung statt.

Schon drei Jahre zuvor, 2006, wurde der Kulturverein „Pixel Hotel" gegründet. Abgesehen davon, dass es sich um einen Kulturverein handelt, kann man im „Pixel Hotel" auch

---

* Da über jede Landeshauptstadt Österreichs natürlich sehr viel, eventuell sogar Buchfüllendes, zu berichten wäre, beschränken sich die Einträge hier auf einige spezielle Fakten.

übernachten – obwohl es, zumindest zu seiner Hochblüte, gar nicht so leicht zu finden war. Jedes Zimmer des Hotels ist nämlich – Pixel um Pixel – in einem ganz anderen Teil von Linz. Oder besser befand sich, denn obwohl es noch immer „Pixel Hotel"-Zimmer gibt, ist nur noch eines davon in Linz, nämlich eine Kajüte in einem alten Donauschleppschiff. Andere befinden sich in einem in einem Kunstcontainer an der Donau in Engelhartszell oder im Glockenturm in Enns. (Was jetzt nicht unbedingt nach einer ruhigen Nacht klingt.) Das Konzept besteht jedenfalls darin, irgendwelche freien Räume für Übernachtungszwecke zu adaptieren und anzubieten. Die Verpflegung erfolgt über lokale Bäckereien, das Zimmerservice ist mobil. Die Idee dabei war in erster Linie, den Bewohnern der Zimmer die verschiedensten Räume auf eine innovative Art erfahrbar zu machen. Im Kulturhauptstadtjahr umfasste das Hotel Räume in der Volksküche, in der Textilpassage, in einem Innenhof, in einem leer stehenden Geschäft (mit Büschen, die als Garten bezeichnet wurden) und in einer Galerie.

In Linz befindet sich außerdem, auch das weiß nicht jeder, die größte Kirche Österreichs. Der Mariä-Empfängnis-Dom, auch Mariendom oder Neuer Nom genannt, bietet 20.000 Menschen Platz. Bei seinem Bau war geplant, nicht nur die größte, sondern auch die höchste Kirche Österreichs zu errichten. Da der Wiener Stephansdom allerdings das Privileg besaß, nicht überragt zu werden, ist der Mariendom heute zwei Meter niedriger. Gut, dass er noch andere Superlative wie eine zwölf Meter lange und mit 50 Figuren bestückte Weihnachtskrippe zu bieten hat, eine der größten der Welt.

Eine weitere Besonderheit von Linz stellt die Pöstlingberg-bahn dar. Einerseits, weil sie bei einer Länge von 4,14 Kilometern einen Höhenunterschied von 255 Metern ohne Zahnräder überwindet. Damit gehört sie zu den steilsten „Adhäsionsbahnen", also Bahnen, die einfach nur durch das Gewicht der Waggons auf den Schienen halten und auch bei Gefälle nicht abrutschen, der Welt und ist die steilste auf einer längeren Strecke Europas. Eine Bergbahn am Rande einer Stadt ist nun zwar nicht unbedingt die außergewöhn-

lichste Sache, auch nicht, wenn man wie in diesem Fall, nach einer Fahrt durch beschauliche Vorgärten am Gipfel angekommen, gleich in eine Märchengrottenbahn umsteigen kann. Bemerkenswert an der Pöstlingbergbahn ist aber, dass die seit 1898 in Betrieb befindliche Bergbahn erst vor einigen Jahren technisch umgerüstet wurde und seit 2009 an das übrige Verkehrsnetz der Stadt angeschlossen ist. So kann man jetzt bereits am Linzer Hauptplatz einsteigen und über die Donaubrücke am Ars-Electronica-Center vorbei erst auf den Berg zu und dann ohne umzusteigen auf den Berg hinauffahren.

Zuletzt noch ein Blick auf eine kulinarische Sehenswürdigkeit. Das Rezept der noch heute gebackenen Linzer Torte gilt als das älteste der Welt. Was nicht heißt, dass nicht schon vor der Linzer Torte Torten gebacken worden wären, aber das älteste schriftliche Rezept für eine Torte ist nun einmal das aus Linz. Und zwar wurde es von Gräfin Anna Margarita Sagramosa im Jahr 1653 neben drei anderen Linzer Rezepten in einem Buch niedergeschrieben, das den schönen Titel trägt: „Buech von allerley Eingemachten Sachen, also Zuggerwerckh, Gewürtz, Khütten und sonsten allerhandt Obst wie auch andere guett und nützlich Ding etc. Durch die Frau Anna Margarita Sagramosin, geborne Gräffin Paradeiserin, mit grossen Fleisß mühe arbeit wie unkosten, vil Jar nach einander zusamen, geklaubt und beschreiben lassen." Es liegt im Stiftsarchiv Admont und heißt dort – etwas kürzer – „Codex 35/31".

Blauer Bruch

Österreich liegt am Meer. Genau genommen lag Österreich früher am Meer, vor allem an der Adria bei Triest, aber auch am Schwarzen Meer. Und wenn man historisch weiter zurückgeht auch noch an anderen Meeren (siehe Makroeintrag → *Weltumspannende Kolonialmacht Österreich*). Und wenn man historisch einmal so richtig ganz voll superarg urweit zurückgeht, lag auch die Landesfläche des heutigen Österreich am Meer. Oder besser gesagt größtenteils unter dem Meer. Denn vor 15 Millionen Jahren war das Leithagebirge eine Küste. Mit Palmen (sowie Wasserfichten, Wasserulmen, Kieferngewächsen) und Platanen sowie Affen, Krokodilen, Nashörnern und Landschildkröten. Im davorliegenden Meer selbst tummelten sich unter anderem Haie, Seekühe, Zahn- und Bartenwale. Beweise für all das finden sich in einer als „Blauer Bruch" bekannten Gesteinsschicht des Leithagebirges, die man in der Umgebung von Mannersdorf ausgegraben hat und die heute dort im Museum ausgestellt werden (siehe auch Mikroeintrag → *Kaisersteinbruch*). In einem anderen, dem sogenannten „Einsiedler-Bruch", fand man Fingerknochen eines sehr seltsamen Urviechs: Das hier ausgegrabene und als „Ancylotherium" bekannte

Wesen gehört zur Familie der Chalicotherien – tapirähnliche Huftiere mit teilweise einziehbaren Krallen, die sich aufgrund ihrer überlangen Vorderbeine vermutlich eher wie Gorillas bewegt haben müssen. Also wahrscheinlich nicht hofreitschultauglich.

Mythbuster

MELK AN DER DONAU, NIEDERÖSTERREICH

Über die Stadt Melk und ihr Stift ließe sich natürlich so einiges erzählen. Ich möchte mich aber nur auf einen Punkt konzentrieren, nämlich einen Mythos, den meine Recherche für dieses Buch (für mich) endgültig zerstört hat. Denn

seitdem mir in meiner Kindheit einmal jemand gesagt hat, das Stift Melk hätte 365 Fenster, also für jeden Tag des Jahres eines, denke ich immer daran, wenn ich auf der Autobahn daran vorbeifahre, und habe dieses „Wissen" natürlich auch schon fleißig an meine Nachkommenschaft weitergegeben. Wie meine Recherchen ergeben haben, beruht dieser Mythos aber offenbar auf einem Irrtum. Das Stift Melk hat nämlich nicht 365, sondern 1.365 Fenster. Und ist damit das Gebäude mit den meisten Fenstern in Österreich. Auch ein schöner Superlativ, aber meine Fantasie, dass die dort ansässigen Mönche vielleicht an jedem Tag des Jahres eine Kerze oder eine Fahne in eines der 365 Fenster stellen oder hängen würden, ist damit natürlich dahin. Oder wie man in einer bekannten amerikanischen Fernsehsendung sagen würde: „The myth is busted!"

Übrigens findet sich die Stadt auch in dem bekannten und beeindruckenden Kinderbuch „Das Sprachbastelbuch". Und zwar in der Kategorie konjugierbare (W)-Orte: „Ich Melk an der Donau, du melkst an der Donau …"

Bärenspritzer

MIXNITZ, STEIERMARK

Wer gerne ohne klassische Bergsteigerausrüstung oder auch
nur den üblichen Seilsicherungen in – mittlerweile wie
Schwammerl aus dem Boden sprießenden – Kletterparks
eine beachtliche Strecke nicht nur wandernd, sondern auch

kletternd zurücklegen möchte, dem sei die Bärenschützklamm, eine wasserführende Felsenklamm im Grazer Bergland, empfohlen. Neben links und rechts 300 Metern hoch aufragenden Kalkwänden – schlappe 400 Millionen Jahre alt – windet sich auf 1,4 Kilometern Länge ein Pfad, der komplett aus Stegen, Brücken und Leitern besteht. Um genau zu sein, 115 Brücken und 49 Leitern. Die Bärenschützklamm ist seit 1978 Naturdenkmal, ihr Name dürfte allerdings nichts mit Bären (oder Beeren) und deren Schutz oder dem Schießen auf Bären (oder Beeren?) zu tun haben, sondern von dem ursprünglichen slowenischen Namen des die Klamm durchfließenden Bachs abstammen, der vermutlich *prschitz(a)* lautete und einfach „Spritzbach" bedeutet.

Eine ähnliche Tour inklusive Steigen, Stiegen und Brücken kann man übrigens auch in der Tscheppaschlucht am Loiblbach in den Karawanken bei Ferlach absolvieren.

Walzerwellen
MÖRBISCH, BURGENLAND

Mörbisch ist vor allem für zwei Dinge bekannt: für die dort jährlich stattfindenden Seefestspiele und für die Gelsen, die die Besucher dieser Veranstaltung plagen. Was das erste betrifft: Mit 220.000 Besuchern jährlich sind die Seefestspiele Mörbisch das größte Operettenfestival der Welt. Sie werden seit 1957 aufgeführt, auf einer auf dem Neusiedlersee schwimmenden Bühne, die mit mittlerweile 3.600 Quadratmetern als eine der größten Freilichtbühnen Europas und als größte Operettenbühne der Welt gilt. Was die Gelsen betrifft, war man der Plage unter der Intendanz von Harald Serafin kurzfristig Herr geworden – durch ein weiträumiges Abholzen sämtlicher Büsche, den Nistplätzen der Stechviecher. Die Maßnahme konnte die Insekten aber nicht auf Dauer davon abhalten, Besucher – und Schauspieler! – während der Vorstellung zu piesacken. Garantiert gelsenfrei waren immer nur die mittlerweile eingestellten Fernsehübertragungen durch den ORF. Jedenfalls, wenn man sie in autangeschwängerten geschlossenen Räumen konsumierte.

Regenbogengold
NATURSCHÄTZE ÖSTERREICHS

Gold ist im Allgemeinen, nun, goldfarben. Aufgrund der seit Menschengedenken wichtigen Rolle dieses Edelmetalls wurden und werden in Analogie aber gerne auch anderen Bodenschätzen und Produkten an Gold angenäherte Namen umgehängt. Durchaus vielfarbige.

Da wäre etwa das „Schwarze Gold", also Erdöl, das auch in Österreich zwar nicht in ungeheurem Maß, aber doch beständig gefördert und vor allem raffiniert wird. Österreich war sogar ein Vorreiter auf dem Gebiet der Erdölförderung. Damals in der Monarchie, aber vor allem in Galizien. Dieses Buch sprengende interessante und skurrile Details gäbe es zu diesem Thema einige zu berichten, zum Beispiel von einem gewissen „k. k. provisorische Salinen-Kontrollor und Bergverwalter" namens Joseph Hecker, der mit seinem Partner, einem gewissen Johann Mitis, bereits in den Jahren 1810 bis 1817 in Truskawez bei Drohobytsch eine Destillationsfabrik mit dem Ziel betrieb, Leuchtöl zu gewinnen. Darauf folgte ein polnischer Apotheker namens Jan Zeh, der mit der medizinischen Nutzung des Erdöls experimentierte. Etwa zur Behandlung von Schafkrankheiten. Und so ging das Punkt für Punkt weiter, bis in dieser

Gegend im Lauf der Zeit schließlich eine veritable k. u. k. Erdölindustrie entstand.

Auf dieses Gebiet stieß man übrigens nicht zufällig: In den Waldkarpaten und auch bei Krosno (Polen) sind die flüssigen Bodenschätze nicht tief verborgen, sondern sprudeln von Natur aus bis nahe an die Erdoberfläche. Oder darüber hinaus. Was zu einigen berühmten Naturwundern führte wie etwa dem „ewigen Feuer von Belkotká", eine dauerhaft brennende Erdgasquelle. Und das war nur eine von mehreren. Auch heute noch gibt es in der Gegend (in Lisna Slobidka) eine solche ewige Flamme. Es brauchte also nicht sehr viel menschliche Fantasie, um herauszufinden, dass a) dieses Zeug für etwas gut war und b) wo man es fand.

Von diesen Ölquellen abgeschnitten wurde ab den 1930er-Jahren damit begonnen, auch auf dem „Rest"-Staatsgebiet Österreichs umfangreich Öl zu fördern. Zuerst in Zistersdorf. Diese Quellen waren immerhin so ergiebig, dass das Land bis in die 1960er-Jahre erdölautark war! Heute wird vor allem im nordöstlichen Niederösterreich und im südlichen Bereich des Alpenvorlands in Oberösterreich Erdöl und Erdgas gefördert. Mehr dazu erfährt man auch im Erdöl und Erdgas Museum Prottes. Wobei es sich eigentlich um ein Freilichtmuseum und einen Rundgang entlang vieler historischer Originalgeräte handelt. Dazu meinte der Wiener Kabarettist (Dr. Dr.) Peter Wehle übrigens einmal: „Wenn ich dort zwei Tanten hätte, wären das Prottes-Tanten."

Noch mehr als das Schwarze aber dominierte das Weiße

Gold (oder auch Salz) die Geschichte Österreichs, in Hallstatt befindet sich das älteste Salzbergwerk der Welt. Was man auch an sämtlichen Namen der Gegend erkennen kann, die „Salz" oder „Hall" beinhalten. Lange galt „Hall" als altes keltisches Wort für „Salz" oder „Salzvorkommen". Mittlerweile geht die etymologische Forschung allerdings eher davon aus, dass es sich um ein althochdeutsches Wort des frühen Mittelalters handelt, das mit dem Wort „Halle" (im Sinne von [Hohl-]Raum, Innenraum) verwandt ist.

Eine überlieferte Unterscheidung der Abbauverfahren belegt das, indem dort folgendermaßen zwischen verschiedenen Salzquellen unterschieden wird: *merisalz* (Meersalz), *erdsalz* (Salz aus der Erde = Steinsalz), *lûtarsalz* (Laugensalz, auch Steinsalz) und schließlich *halasalz* (aus Sole gewonnenes Salz). Jedenfalls bedeutet das kryptische Wort sicher irgendwas mit Salz und gab sogar einer ganzen Zeitgeschichte ihren Namen: der Hallstattzeit. Und die „Salz"-Komposita, von Salzberg über Salzburg bis Salzkammergut, möchte ich gar nicht erst aufzählen oder auch nur zählen müssen. Jedenfalls verdankt die Stadt Salzburg selbst nicht nur ihren Namen, sondern auch ihren Ausbau und Reichtum – als eine von zwei Grundlagen – den Salzvorkommen des Landes. Ob die Festung Hohensalzburg aber deshalb weiß ist, weiß ich nicht (Kalau-Kalau).

Neben Erdöl gibt es noch ein zweites Vorkommen von „Schwarzem Gold" in Österreich – und zwar in der Steiermark. Auch hier handelt es sich um (ziemlich) schwarzes Öl, das aber nicht von unter, sondern von über der Erde stammt und weniger als Treibstoff, sondern mehr für den Salat geeignet ist: nämlich aus dem steirischen Ölkürbis gewonnenes Kürbiskernöl. Dieses Kernöl, über das es echt viel zu erzählen gäbe, vielleicht ein andermal, wird tatsächlich immer wieder als „Schwarzes Gold (der Steiermark)" bezeichnet. Und korrekt natürlich „keanöij" ausgesprochen.

Wenn man nun weiß und schwarz mischt, erhält man grau. Und tatsächlich spricht man auch bei einer weiteren Kostbarkeit Österreichs von „Grauem Gold". Wie beim Kernöl handelt es sich dabei um keinen Bodenschatz, sondern um aus einer Pflanze gewonnenes „Gold". Die Rede ist vom Graumohn (als Herkunftsbezeichnung geschützt), der im Waldviertel nachweislich seit dem 13. Jahrhundert angepflanzt wird und ursprünglich hauptsächlich als Heilpflanze und zur Gewinnung von Öl verwendet wurde. Als Backzutat erlangte der Mohn erst später Bedeutung. Die Grenze von Heilwirkung und Verwendung als Droge ist bei vielen Pflanzen bekanntlich fließend, so auch hier. Stichwort der legendäre „Mohnzutz": kleines Säckchen mit Mohn und Zucker, das man Kindern zur Beruhigung und als ein Einschlafhilfe in den Mund gegeben haben soll. Quasi also ein Drogenschnuller.

Etwas, das sich, legal, illegal, ganz egal, so manche von rast-
losem Nachwuchs geplagte Eltern heute noch wünschen
würden – aber stattdessen gezwungen sind, auf nur energe-
tischer Ebene wirksame Bachblüten (Rescue-Remedy-Zu-
ckerl) zurückzugreifen … Der heute angebaute Mohn enthält
allerdings so wenig Opiate, dass man bei seinem Verzehr
eher an einer Mohnstrudelvergiftung sterben würde, bevor
man davon „räuschert" wird.

Apropos grau. Auch Eisen ist grau, wenn sich auch der
Begriff „Graues Gold (II)" für Eisen nicht wirklich etabliert
hat. Jedenfalls wird in den Eisenerzalpen und natürlich am
Erzberg selbst seit dem 11. Jahrhundert Eisen abgebaut. Und
verhüttet (nicht verhütet). Fachleute rechnen damit, dass die
Vorkommen noch bis zu 40 oder 50 Jahre reichen werden.
Wenn dem so ist, dann hat der Wassermann gelogen, wenn
auch 1.000 Jahre Abbau durchaus kein Trinkgeld sind. Und
die ganze Region ihren Aufschwung sowie die Voestalpine
und die Montanuniversität Leoben ihre Existenz dem auch
„steirischer Brotlaib" genannten Berg verdanken. Die Nach-
nutzung hat jedenfalls bereits begonnen. Schon 1988 wurden
auf dem stufenpyramidenförmig aufgeschnittenen Berg,
nun, Bergrennen mit Autos abgehalten. Und seit 1995 findet
hier jährlich ein internationales Endurorennen (also ein
Rennen mit Geländemotorrädern) statt, das als das härteste
der Welt gilt und als „Erzbergrodeo" bekannt ist.

Und wenn wir schon beim großzügigen Vergeben von ver-
schiedenfarbigen Goldvarianten sind, die Steiermark hat
auch noch „Grünes Gold" zu bieten: steirische Äpfel. Denn

nicht weniger als 80 Prozent aller Äpfel Österreichs werden hier geerntet! Seit 1986 besteht (neben acht steirischen Weinstraßen) auch die 25 Kilometer lange „Steirische Apfelstraße", die sich über 25 Gemeinden erstreckt.

In Niederösterreich finden wir dafür noch „Oranges Gold", nämlich, wie könnte es anders sein, Marillen. Der Begriff „Wachauer Marille" trägt seit 1996 das EU-Siegel „Geschützte Ursprungsbezeichnung" – oder anders formuliert: „Sag nie Aprikose zu ihr!" 200 Bauern ernten hier auf 350 Hektar Fläche Marillen und verarbeiten die Früchte zu Marmelade, Schnaps sowie … Marillenknödel. Weniger bekannt ist, dass auch die Kerne der Marille, genauer gesagt der weiche Kern im harten Kern, essbar sind. Geröstet werden sie, ähnlich wie Mandeln, gesalzen oder auch süß konsumiert. Oder zu Marillenmarzipan, Persipan genannt, weiterverarbeitet. Empfindliche Personen oder Kinder sollten aufgrund des Blausäuregehalts bei der Menge der konsumierten Kerne allerdings etwas Acht geben.

Nachdem wir schon fast alle absurden Goldfarben durch haben, möchte ich zuletzt auch noch das – farblich eigentlich paradoxe – „Gelbe Gold" Vorarlbergs erwähnen, dem ebenfalls eine eigene Straße gewidmet ist. Im Bregenzerwald gibt es nämlich zwar keine Weinstraße und auch keine Apfelstraße, dafür aber eine … Käsestraße. (Die ich mir jetzt einmal ganz naiv wie die „Yellow Brick Road" aus dem „Zauberer von Oz" vorstelle.) Entlang der „Bregenzerwälder Käsestraße" jedenfalls kann der interessierte Besucher über 60 Sorten Bregenzerwälderkäse kosten.

Übrigens: Auch echtes Gold wurde zeitweise in Österreich in größeren Mengen gewonnen. Vor allem in Salzburg. In der Hochblüte der dortigen Goldgräberzeit wurden im „österreichischen Klondyke" Unmengen von „Tauerngold" vor allem geschöpft. Damals, zwischen 1460 und 1560, kamen sogar gut 10 Prozent des Weltvorkommens an Gold aus Österreich. Und stellen die oben angedeutete zweite Säule des Reichtums von Salzburg dar.

Österreichisches Herz

NEUHOFEN AN DER YBBS, NIEDERÖSTERREICH

Mit etwas Fantasie kann man das heutige Gebiet von Neuhofen an der Ybbs als herzförmig interpretieren. Das gilt allerdings für viele Regionen Österreichs. Dennoch ist Neuhofen so etwas wie das Herz Österreichs, allerdings eher historisch als geografisch gesehen. Gängiger ist daher der Ausdruck „Wiege Österreichs". Und zwar weil: Kaiser Otto III. (römisch-deutscher König, später Kaiser, aus dem Haus der Ottonen) dem Bischof von Freising im Jahr 996 950 Hektar Land „in dem Ort, der Neuhof genannt wird" schenkte. Und da in der Schenkungsurkunde erstmals das Wort „Ostarrichi" erwähnt wird, nahm Österreich, zumindest namentlich, hier seinen Anfang. Das Gebiet liegt übrigens im Mostviertel. Was das über die Wiege Österreichs aussagt, kann jeder für sich selbst entscheiden.

Brett und Leuchte

PODERSDORF, BURGENLAND

Der Neusiedlersee, gelegentlich auch „die größte Badewanne Österreichs" genannt, beheimatet seit 1998 ein Weltsportereignis. Denn jährlich findet hier rund um den 1. Mai der „Surf Weltcup" statt. Genauer gesagt ist Podersdorf am See (Ungarisch: Pátfalu) die Heimstätte dieses Events. Als Disziplinen werden ein Freestyle-Bewerb, ein Tow-in-Bewerb (Windsurfen ohne Wind, nachts bei Flutlicht) sowie ein Kitesurf-Slalom (Surfen mittels Lenkdrachen) ausgetragen. Dazu gibt's Konzerte und Party, bis der Onkel Doktor kommt.

Podersdorf hat aber noch eine nautische Besonderheit zu bieten: Der Leuchtturm Podersdorf ist einer der ganz wenigen (tatsächlich als solche betriebenen) Leuchttürme in Österreich und außerdem einer der südlichsten im ganzen deutschsprachigen Gebiet.

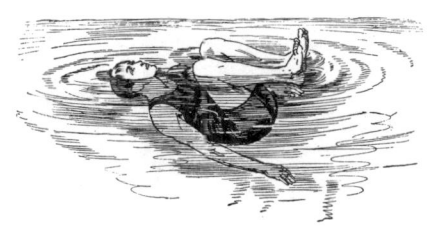

Schwanzfedern und Samer

ENKLAVEN UND (EX-)EXKLAVEN ÖSTERREICHS

Enklaven und Exklaven können je nach Umständen manchmal ein und dasselbe sein. Manchmal aber auch nicht. Ebenso sind sie manchmal vollständig, manchmal auch nur funktional. Das ist für Nichtauskenner eher verwirrend. Und da ich hier vorsichtshalber jeden Leser zu dieser Gruppe zähle, schließlich war ich vor dem Verfassen dieses Artikels auch weitgehend einer davon, sollten wir zuerst eine genauere Begriffsdefinition vornehmen, bevor wir uns derartigen Gebilden im österreichischen Kontext zuwenden.

Im Prinzip handelt es sich bei Exklaven und Enklaven um Teile von Staaten höherer oder niederer Ordnung (dazu gleich), die keine gemeinsame Grenze mit dem Rest des Staates, dem sie zugehören, haben. Oder auf die eine oder andere Art geografisch völlig isoliert und auf einfachem Weg unerreichbar und somit – funktional – getrennt sind. Aber ich denke, das lässt sich anhand einiger einleuchtender Beispiele besser erklären.

Nehmen wir etwa San Marino. Obwohl es sich bei diesem Zwergstaat, der gleichzeitig eine der ältesten Republiken der Welt ist, tatsächlich um einen eigenen Staat handelt, ist es geografisch komplett von Italien umschlossen. Ein klassischer Fall einer Enklave auf staatlicher Ebene.

Andere Zwergstaaten wie etwa Monaco oder Andorra sind keine Enklaven. Andorra grenzt sowohl an Spanien als auch an Frankreich und ist somit nicht vollständig von einem einzigen Land umschlossen. Monaco ist auch keine Enklave, obwohl es nur an Frankreich grenzt. Durch seine Lage am Meer jedoch sind die Bewohner nicht gezwungen, Frankreich zu durchqueren, um in ein anderes Land zu gelangen. Ein anderes Beispiel wäre die Schweiz. Sie grenzt als Staat zwar an mehrere andere Staaten, ist aber komplett von EU-Ländern umgeben. Somit stellt die Schweiz eine Enklave im Staatenverbund der EU dar. In Österreich wäre auf Landesebene Wien eine Enklave in Niederösterreich, da es sonst an kein anderes Bundesland angrenzt.

Bei Exklaven handelt es sich um Gebiete, die zu einem anderen, meist größeren Staatsgebiet gehören, davon aber getrennt sind, also nicht direkt angrenzen. Dabei spielt es keine Rolle, ob diese Exklave komplett in einem anderen Land liegt (das wäre dann der Fall, wenn eine Exklave auch gleichzeitig eine Enklave ist) oder an mehrere andere Länder angrenzt oder einen Meereszugang besitzt. In Europa zum Beispiel hat Russland eine Exklave zwischen Polen und Litauen, den Oblast Kaliningrad. Auf dem Landweg muss man, um von der Gegend um Kaliningrad den Rest von Russland zu erreichen, sogar mindestens zwei andere Staaten durchqueren. Zwar liegt der Oblast auch am Meer, das jedoch gilt nicht als direkte Verbindung zum Mutterland.

Die USA hat sogar mehrere Exklaven, unter anderem Alaska und Hawai.

Die auffälligste österreichische Exklave auf Landesebene ist Osttirol. Obwohl nur durch wenige Kilometer salzburgischem Gebiets voneinander getrennt, berühren sich Nordtirol und Osttirol nicht physisch. Das liegt einerseits an der Form Salzburgs (siehe Mikroeinträge → *Birnlücke*), andererseits an der Geschichte. Denn als Südtirol noch ein Teil Österreichs und damit Teil des historischen Tirols war, waren alle drei Landesteile geografisch miteinander verbunden. Doch heute ist Südtirol staatlich ein Teil Italiens und Osttirol deshalb eine Exklave.

Aber gehen wir gleich einen Schritt weiter. Würde (Nord-) Tirol dem Land Salzburg den Grenzverlauf abkaufen und sich so auf der Landkarte mit Osttirol vereinen, wäre Osttirol noch immer eine *funktionale* Exklave, da es keine direkte Straßenverbindung durch diese gebirgige Gegend gibt, die die beiden Landesteile nunmehr miteinander verbinden würde. Funktionale Exklaven sind nämlich Gebiete, die zwar an ihr „Mutterland" angrenzen, aber durch keinen befahrbaren Weg damit verbunden sind. Zur Illustration: Man nennt sie auch *Pene*-Enklaven, was in der Wortherkunft auf das englische Wort Peninsula hinweist, das so viel wie Halbinsel bedeutet. Also Land, das nur über eine mehr oder weniger schmale Landbrücke mit dem Festland verbunden ist. Und ja, ich weiß, dass ich im vorigen Satz drei Mal das Wort „Land" verwendet habe.

Womit wir auch bei den beiden aktuell existierenden österreichischen Exklaven auf staatlicher Ebene angelangt wären. Die bekanntere der zwei ist wohl das Kleinwalsertal in Vorarlberg. Es handelt sich hierbei um eine funktionale Exklave. Das heißt, das Gebiet liegt durchaus in Österreich oder „hängt" zumindest direkt an Österreich, ist aber durch hohe Berge vom Rest des Bundesgebiets getrennt. Das Kleinwalsertal öffnet sich nach Bayern. Die von dort kommende Hauptstraße führt auf österreichischer Seite noch durch Riezlern, Hirschegg und Mittelberg (sowie durch das zu Mittelberg gehörende Baad) und verzweigt sich dann noch in zahlreiche Nebenstraßen – von denen aber keine über oder unter die sie umgebenden Berge (die Allgäuer Alpen) führt. Um den nächstgelegenen Ort auf österreichischer Seite, Schröcken, Luftlinie nur wenige Kilometer, mit dem Auto zu erreichen, muss man ein ganzes Bergmassiv umfahren. Links rum oder rechts rum – jedenfalls eine Strecke von etwa 100 Kilometern mit einer Fahrzeit von etwa zwei Stunden. Natürlich könnte man den Berg auch zu Fuß beziehungsweise mit einem Hubschrauber überwinden, das gilt exklaventechnisch allerdings nicht als (Land-)Verbindung. Gäbe es dagegen etwa einen Tunnel unter dem „Großen Widderstein" (2533 Meter Seehöhe), hätte der Status des Kleinwalsertals als funktionale Exklave ein Ende (siehe auch Mikroeintrag → *Kaisertal*). Naturgeografisch (falls es diesen Ausdruck gibt) liegt das Kleinwalsertal also in Deutschland, politisch aber in Österreich. Das führte im Lauf der Zeit zu den unterschiedlichsten, manchmal auch zu kuriosen Situationen. Etwa als noch verschiedene Währungen galten beziehungsweise Deutschland schon Teil der EU war und Österreich noch nicht. Die meisten dieser Probleme wurden freilich amikal-zwischenstaatlich gelöst. Unter anderem dadurch, dass das Kleinwalsertal schon 1891 zur Zollfreizone erklärt wurde. Oder korrekt: zum Zollausschlussgebiet. Einige Beispiele für Konsequenzen daraus:

Bis zum Beitritt Österreichs in die EU galt das Kleinwalsertal, was den Handel betraf, als deutsches Inland. Das bedeutete, dass deutsche Waren zollfrei importiert werden konnten, österreichische Güter aber verzollt werden mussten. Die Steuern wurden an das österreichische Finanzamt entrichtet, bis zur Einführung des Euros aber in D-Mark (!).

Die drei Ortschaften im Kleinwalsertal haben sowohl deutsche als auch österreichische Postleitzahlen. Und zwar: A-6991/D-87567 Riezlern, A-6992/D-87568 Hirschegg und A-6993/D-87569 Mittelberg.
Die glücklichen Kleinwalsertaler hatten dabei – auch schon vor EU-Zeiten – noch den Vorteil, sowohl für Post nach Österreich als auch für Post nach Deutschland jeweils nur den Inlandstarif bezahlen zu müssen. Übrigens

Der kleine Grenzverkehr

über d'Walserschau

schmückte 1982 ein Bild von Riezlern die „Dauermarke Schönes Österreich / Ergänzungswert 5,60" – wen's betrifft.

Seit dem Beitritt Österreichs zur EU und der Einführung des Euros sind die meisten dieser Bestimmungen hinfällig. Dennoch handelt es sich bei Österreich und Deutschland natürlich weiterhin um zwei souveräne Staaten. Deswegen dürfen etwa im Kleinwalsertal verhaftete deutsche Staatsbürger nicht über deutsches Bundesgebiet zum nächsten zuständigen Gericht in Vorarlberg gebracht werden, sondern müssen mit dem Hubschrauber dorthin geflogen werden. Theoretisch wäre natürlich auch ein Fußmarsch denkbar, in der Praxis wird darauf aber doch eher verzichtet.

Von den regionalen und judikativen Gegebenheiten profitierten natürlich auch lange das Casino Kleinwalsertal, dessen Besucher logischerweise aus dem Einzugsgebiet Bayern und kaum aus Österreich stammten und stammen. Gesprochen wird von den Kleinwalser(taler)n übrigens eine Art Walliser Dialekt, der auf den Dialekt ihrer aus dem Wallis eingewanderten Vorfahren zurückgeht. Die hatten ja auch einst das Große Walsertal besiedelt, das sich allerdings unumstritten vollständig innerhalb der Grenzen von Vorarlberg befindet.

PS: Das Kleinwalsertal ist auch die Heimat der Sage oder Legende um das Walsermännlein, das eine Art böser Gnom war, der in den Jahren 1772 bis 1774 sein Unwesen in der Gegend getrieben haben soll. Das Übliche halt: Er stahl Milch aus dem Stall, spritzte Mus durch die Gegend und warf sonntags Sand und Steine auf Kirchgänger. Das Walsermännlein war unsichtbar und nur Kinder konnten es manchmal sehen. Nach zwei Jahren verschwand es wieder spurlos. Interessant an dieser Geschichte ist die genaue Datierung. Durchaus Stoff für engagierte Esoteriker und/oder Ufologen. Oder auch nur Pumucklfans.

Noch was zur Kategorisierung: Von Österreich aus gesehen ist das Kleinwalsertal eine (funktionale) Exklave, von Deutschland aus gesehen eine (funktionale) Enklave. Dasselbe gilt auch für das zweite aktuell mit Österreich verbundene funktional exklavische Gebiet – Jungholz. Viel kleiner als das vorarlbergische Kleinwalsertal (rund 97 Quadratkilometer, rund 5.000 Einwohner) ist auch das tirolerische Jungholz (7 Quadratkilometer, rund 300 Einwohner) nur von Deutschland aus erreichbar. Es handelt sich dabei um ein etwas, wenn auch nicht sehr, ab- und höhergelegenes Tal, das mit dem deutschen Straßennetz durch einige Nebenstraßen verbunden ist. Da die ganze Gegend nicht so extrem bergig ist wie die rund um das Kleinwalsertal, könnte man von Jungholz aus das restliche Österreich und die dort nächstgelegene Ortschaft Rehbach mit einer mehr oder weniger alpinen Wanderung über den Sorgschrofen (1635 Meter), der Grenze zu Österreich, erreichen. (Um genau zu sein: Bis zum Gipfel ist es von deutscher beziehungsweise Jungholzseite eine Wanderung, die Überschreitung des Grates Richtung Österreich ist aber nur etwas für geübte und schwindelfreie Bergwanderer.) Dennoch ist es gerade die Art der Verbindung an dieser Stelle, die die Gegend hervorhebt und diese funktionale Tiroler Exklave noch viel extremer macht als die in Vorarlberg. Ein vergleichender Blick auf die Landkarte zeigt wieso: Das Kleinwalsertal ragt zwar schon ein wenig aus dem Staatsgebiet Österreichs hinaus, aber um es in direkter Luftlinie abzutrennen, müsste man zumindest eine neue geografische Grenze von gut 20 Kilometern Länge schaffen – um den Berg herum sogar eher 50 Kilometer. In Jungholz ist das anders. Das Gebiet hängt wie eine reife Erdbeere am Stängel nur an einer einzigen

Stelle an österreichischem Staatsgebiet. Nämlich am Gipfel des eben erwähnten Sorgschrofen. Würde Bayern hier nur ein paar Quadratmeter Grund erwerben, wäre Jungholz im Nu nicht nur eine funktionale, sondern eine „echte" Exklave. Tatsächlich treffen an dieser Stelle des Gipfels nicht nur zwei Länder, sondern auch vier Gemeinden aufeinander, zwei deutsche, Bad Hindelang (Richtung Westen) und Pfronten (Richtung Osten), und zwei österreichische, Jungholz (Richtung Norden) und Schattwald (Richtung Süden).

Straßentechnisch allerdings ist Jungholz Österreich viel näher als das Kleinwalsertal. Um den nächsten Ort in Österreich, nämlich Schattwald, zu erreichen, benötigt man nur etwa 15 Minuten über eine Strecke von 13 Straßenkilometer. Dennoch gilt auch für Jungholz politisch, was für Exklaven eben gilt. Seit 1868 ist es Zollausschlussgebiet und es besitzt zwei Postleitzahlen (A-6691 und D-87491).

Es gibt übrigens noch ein weiteres Gebiet, das nur mit etwa 50 Metern (Stängel-)Durchmesser gerade noch an Österreich hängt. In der Vorarlberger Gemeinde Sulzberg, bei den Ortsteilen Glafberg und Unterhalden, führt eine kleine Straße namens Bröger in und durch ein ebenfalls beeren- oder halbinselartig an Österreich hängendes Stück Land. Da es allerdings von allen Seiten zugänglich ist, handelt es sich weder um eine funktionale noch um sonst irgendeine Exklave.

Bis vor nicht allzu langer Zeit hätte man auch mit gewissem Recht behaupten können, dass das Südburgenland eine moderne Form der funktionalen Exklave des Nordburgenlands darstellte (oder umgekehrt). Denn das Burgenland hat zwar eine (geschätzte) Gesamtlänge von 150 Kilometern, ist an seiner dünnsten Stelle bei Sieggraben allerdings so eng geschnürt wie eine Biedermeierdame. Gerade einmal 4 Kilometer trennen dort die ungarische von der steirischen Grenze. Und durch dieses Nadelöhr führte lange auch nur eine normale, gewundene Bundesstraße durch Wald und über Berg. Nicht gerade die Idealvorstellung einer modernen Verbindung zweier Landesteile. Den Grund für dieses marginale Aneinanderbaumeln der beiden Regionen findet sich im Mikroeintrag → *Eisenstadt*. Seit einigen Jahren verbindet nun die „Burgenland Schnellstraße S 31" die beiden Landesteile rasch und komfortabel. Eine direkte Bahnverbindung besteht allerdings nach wie vor nicht. Die einzige bestehende Strecke führt über ungarisches Staatsgebiet. Und tat das sogar zur Zeit des Kalten Krieges und des Eisernen Vorhangs, als Züge vom Nordburgenland ins Südburgenland – plombiert – und als sogenannte „Korridorzüge" unterwegs waren.

DIE SCHWEIZ IN ÖSTERREICH

Österreich hat nicht nur zwei veritable funktionale Exklaven zu bieten, sondern beherbergt auch – von uns aus gesehen – eine Enklave im eigenen Staatsgebiet. Die Gemeinde Samnaun nämlich war über sehr lange Zeit ebenfalls eine funktionale Exklave, und zwar der Schweiz in Österreich. Und ist es in gewisser Weise und zu gewissen Zeiten noch heute.

Das in Tirol eingebettete Gebiet (diesmal wirklich hoch und wirklich abseits) war früher, also bis vor etwa 100 Jahren, mit Fahrzeugen ausschließlich von Österreich aus zu erreichen. Und zwar führt eine Straße aus einem Tiroler Tal namens „Oberes Gericht", in dem unter anderem Serfaus liegt, über einen österreichischen Ort namens Spiss hinauf nach Samnaun – über einen etwas langwierigen Weg über eine Nebenstraße. (Das Skigebiet Samnaun erreicht man heute allerdings besser über Bergbahnen von Ischgl aus.) Politisch gehört Samnaun zum Kanton Graubünden und ist, analog zu unseren in Deutschland, ein Schweizer Zollausschlussgebiet in Österreich.

Die Erschließung von Samnaun durch den modernen Verkehr erfolgte in Stufen. Bis 1830 war es überhaupt nur über Fußwege erreichbar, die hauptsächlich von sogenannten „Säumern" oder „Samern" benutzt wurden. So nannte man damals Händler, die ihre Waren auf sogenannten Saumtieren, also Transporttieren, auch über schmale Pfade bis in die abgelegensten Täler brachten. 1830 wurde dann die erste fuhrwerktaugliche Straße eben nach Spiss in Österreich

errichtet. Und erst über 80 Jahre später wurde eine weitere Straßenverbindung, diesmal auf Schweizer Gebiet, gebaut. Nun führt die Samnaunerstrasse – völlig parallel zu der Straße auf österreichischer Seite – nach Vinadi, allerdings ist sie nur eingeschränkt benutzbar: Sie kann nur von Fahrzeugen bis zu einer maximalen Breite von 2,3 Metern und einer Höhe von 3 Metern befahren werden. Außerdem ist die Straße nicht wintersicher und steinschlaggefährdet. Die Hauptverbindung läuft also immer noch auf österreichischer Seite. Ob Samnaun damit noch de facto eine funktionale Exklave der Schweiz in Österreich ist oder nicht, immerhin ist sie nach wie vor, wenn auch mit Einschränkungen, Zollfreigebiet, man kann also durchaus diskutieren. Nach offizieller Definition genügt die Samnaunerstrasse allerdings, um das Gebiet als funktional an den Rest des eigenen Landes angeschlossen zu betrachten.

DES KAISERS SCHWANZFEDERN

Es ist geschichtlich betrachtet auch noch gar nicht so lange her, dass Österreich zahlreiche weitere Exklaven in und außerhalb von Europa besaß. Über die wenigen außereuropäischen Gebiete steht mehr im Makroeintrag → *Weltumspannende Kolonialmacht Österreich*. Die Territorien in Europa hingegen waren über die Jahrhunderte zahlreich, weit verstreut und ausgesprochen wechselhaft. So gehörten einst verschiedene Gebiete unter anderem in Belgien und Holland sowie zahlreiche Länder in Italien zu Österreich beziehungsweise dem Habsburgerreich. Diese zeitweisen Verbindungen sollte man übrigens, wie lange sie auch zurückliegen oder wie kurz sie auch sein mochten, politisch und kulturhistorisch nicht unterschätzen. Der Austausch zwischen all diesen Gebieten hat nämlich überall bis heute seine Spuren hinterlassen. So basieren etwa die berühmte Pestsäule am Wiener Graben und in Folge auch sämtliche weitere ähnliche in der ganzen Monarchie auf dem „L'obelisco di San Domenico" in Neapel, den österreichische Baumeister zu der Zeit, als Neapel noch bei Österreich war, auf Reisen dorthin studierten. Auch das Wiener Schnitzel entstand ja bekanntlich durch einen Import aus Mailand. Und umgekehrt wurde der Cappuccino in Mailand von italienischen Kaffeehausbesitzern entwickelt, die sich bemühten, den dort verkehrenden Österreichischen Offizieren ihren gewohnten „Kapuziner" zu kredenzen (mehr dazu in meinem Buch „Furioses Österreich").

Aber zurück zu den Ex-Exklaven. Neben größeren Territorien wie eben in Italien gehört das sogenannte „Vorderösterreich" zu den auffälligsten der nicht ans restliche Staatsgebiet der Monarchie angeschlossenen Regionen. Denn noch bis

zur Zeit Napoleons besaß das Haus Habsburg auch einige kleinere Gebiete im Bereich des Bodensees (vor allem nördlich davon) im heutigen Deutschland und teilweise in der Schweiz sowie bis 1648 auch Gebiete im Elsass, die man dazurechnen muss. Bei alldem handelte es sich um die Reste der früheren alemannischen Stammländer der ja ursprünglich aus der Schweiz kommenden Habsburger. Später – nach der Vertreibung der Habsburger aus der Schweiz und nach der immer stärkeren Verlagerung ihres Herrschaftszentrums nach Osten – wurden diese Restgebiete zunehmend zu Anhängseln des Reiches. Diese offiziell als „Vorderösterreich" oder „Vorlande" benannten Gebiete wurden daher scherzhaft auch als „Die Schwanzfeder des Kaiseradlers" bezeichnet. Was in Anbetracht der weit verteilten und bunt gesprenkelten Gebiete durchaus einleuchtend erscheint. Ein Blick auf eine historische Karte lohnt hier auf jeden Fall. Wie ein sehr abstraktes Muster verteilen sich gut zwei Dutzend Flecken und Fleckchen österreichischen Besitzes über den süddeutschen Raum. So waren Freiburg, Rottenburg und Günzburg als größere Städte Teile von Österreich. Offenburg war zwar nicht österreichisches Gebiet, aber fast rundum davon eingeschlossen. 1780 bewohnten immerhin 400.000 Menschen diese Territorien (wobei zu diesem Zeitpunkt auch noch Vorarlberg dazugerechnet wurde). Unterteilt waren die Gebiete in sogenannte Oberämter, alphabetisch aufgelistet: Oberamt Altdorf, Breisgau (Verwaltungssitz Freiburg im Breisgau), Günzburg, Hohenberg, Nellenburg, Offenburg, Tettnang, Winnweiler sowie Konstanz. Das

Wappen von Vorderösterreich war übrigens schlicht das österreichische Bindenschild in rot-weiß-rot.

Im Zuge der Neuordnung Europas nach den napoleonischen Kriegen gingen sämtliche dieser Gebiete, mit Ausnahme von Vorarlberg, an deutsche Bundesländer und Schweizer Kantone. Dennoch führen bis heute an die 60 (!) Ortsteile und Gemeinden im heutigen Baden-Württemberg (sowie eine in Bayern) das österreichische Bindenschild als Teil ihres Wappens.

Beim Wiener Kongress 1815 gab es übrigens durchaus noch ernsthafte Überlegungen, den ganzen Breisgau als geschlossenes Gebiet an Österreich anzugliedern – und dafür Salzburg aufzugeben. Das wurde auch durch Bitten der Breisgauer Delegation unterstrichen, die sowohl den österreichischen Kaiser als auch den russischen Zaren darum bat, bei Österreich bleiben zu dürfen. Aus praktischen geografischen Überlegungen wurde schlussendlich aber doch Salzburg, das historisch gesehen viel weniger Verbindungen zum Hause Habsburg hatte, Österreich zugeschlagen.

KLEIN-BERLINS

Eine andere politisch-geografische Kategorie, die der Sache mit den Exklaven in gewisser Weise, jedenfalls in ihrer grenzüberschreitenden Qualität, ähnelt, ist die der geteilten Orte. Aus verschiedenen historischen und politischen Gründen gibt es weltweit Ortschaften, die nach Grenzziehungen teilweise in einem und zum Teil in einem anderen Land zu liegen kamen. Dabei unterscheidet man Wassergrenzen und Landgrenzen. Wobei Wassergrenzen meist sowieso eine natürliche Trennung der beiden Ortsteile oder Ortschaften darstellen. Man denke an die beiden ungarischen Städte Buda und Pest, die erst 1873 zum heutigen Budapest vereinigt wurden. Landgrenzen dagegen stellen oft auch eine spätere politische Trennung einer zuvor zusammengehörenden Ortschaft da. Das prominenteste Beispiel dafür ist natürlich die Nachkriegsteilung Berlins in West- und Ost-Berlin.

Aber auch in Österreich finden sich solche Trennungen im Kleinen, es teilt sich so zum Beispiel zwei Ortschaften mit Deutschland. Zum einen werden Bayerisch Gmain und Großgmain in Oberösterreich durch den Weißbach voneinander getrennt. Interessanterweise empfand sich die Bevölkerung, obwohl die Grenze bereits um 1295 (!) gezogen worden war, noch Jahrhunderte später als dörfliche Ein-

heit. Auch heute noch würde ein Blick auf eine Satellitenaufnahme hier – trotz Bach – keine Grenze zwischen zwei Ortschaften vermuten lassen. Eine Landgrenze verläuft durch Bayerisch Haibach (ein Ortsteil von Passau) und Haibach (Teil der Gemeinde Freinberg). Eigentlich wäre ja der Inn hier die natürliche Grenze, Passau aber erstreckt sich eben frech noch etwas über den Fluss auf das ansonsten österreichische Ufer.

Auch zu Slowenien besteht eine städteteilende Wassergrenze. Hier ist es die Mur, die Bad Radkersburg (Steiermark) von Gornja Radgona / Oberradkersburg (Pomurska statisticna regija / Statistische Region Murgebiet) trennt. Noch bis 1919 waren die beiden Städte nur zwei Stadtteile, die durch eine Brücke verbunden waren. Im Zuge der Aufteilung Europas nach dem Ersten Weltkrieg in Nationalstaaten kam es hier jedoch zu Grenzkonflikten, die schließlich den einen Teil Radkersburgs Slowenien zuschlug. Wofür Österreich das mehrheitlich von deutschsprachigen Einwohnern bewohnte Abstaller Becken erhielt, das es nach 1945 allerdings wieder verlor, nachdem die dort ansässige deutsche Bevölkerung geflohen oder vertrieben worden war.

Auch mit Tschechien teilt sich Österreich eine Stadt. Durch Gmünd (Niederösterreich) verläuft eine Landgrenze, die die Stadt von České Velenice / Gmünd-Bahnhof (Okres Jindřichův Hradec) trennt. Zwar stellt České Velenice aufgrund vorhandener Straßen keine funktionale Exklave Tschechiens in Österreich da, wenn man aber die Landkarte genau betrachtet, wirkt es doch so, als gehöre dieses Gebiet als Puzzleteil eher zu Österreich: Das Ortsgebiet grenzt an drei Seiten an (Nieder-)Österreich und ist nur im Nordosten mit Tschechien verbunden. Die Verhältnisse sind historisch gesehen hier auch ziemlich kompliziert: Ursprünglich wurde der heute tschechische Ortsteil auf der grünen Wiese des

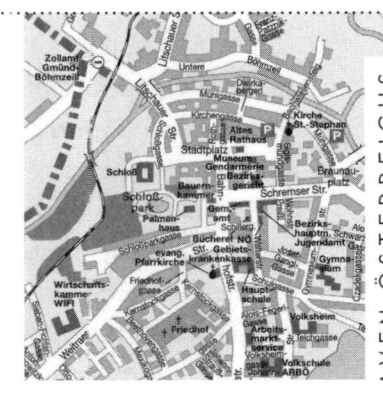

Ortsgebiets Wielands als Bahnhof für Gmünd (daher der deutsche Name) errichtet. Nach dem Ende der Monarchie ging das Gebiet, zusammen mit einigen anderen Teilen, jedoch von Österreich an die neu gegründete Tschechoslowakei. Der seit damals gebräuchliche tschechische Name bedeutet soviel wie „Wielands" und nimmt damit auf die ursprüngliche Zugehörigkeit des Ortsgebiets Bezug. Während der Nazi-Herrschaft kam die Stadt noch einmal kurz richtig unter österreichische, korrekt eigentlich unter ostmärkische Verwaltung. Und erhielt den für die Nazis typisch malerischen und poetischen Namen „Gmünd III". Zur Zeit des Kalten Krieges herrschten hier dann Stacheldraht und Schießbefehl. Und obwohl diese Ära bereits 25 Jahre zurückliegt, wachsen die Regionen erst sehr langsam und zögerlich wieder zusammen. Es gibt aber bereits einige lobenswerte Ansätze, wie die erstmalige Implementierung des EU Projekts „healthacross in practice" für eine grenzüberschreitende Gesundheitsversorgung zwischen Niederösterreich und Südböhmen. Oder die Initiative „Gemeinsam Grenzenlos",

die etwa einen regelmäßigen Austausch von Kindergarten-
kindern und Kindergärtnerinnen der ehemals zusammen-
gehörigen Städte betreibt.

Ganz zuletzt sei noch auf eine veritable staatliche Enklave
mitten in Wien hingewiesen: Die „Republik Kugelmugel"
befindet sich nämlich, rundum von Österreich eingeschlossen,
im Wiener Prater. Näheres dazu in meinen Wienbüchern
oder im Internet unter www.republik-kugelmugel.com.

Abwärtszisch
PYRAMIDENKOGEL, KÄRNTEN

Wer einen besonders spektakulären Blick auf den Wörthersee (siehe → *Klagenfurt am Wörthersee*) werfen möchte,
sollte den 851 Meter hohen Pyramidenkogel besuchen. Und
dort auch noch den 100 Meter hohen, neuen Aussichtsturm
(eröffnet 2013) besteigen oder befahren. Denn nicht nur hat

man von dort noch einen viel spektakuläreren Blick auf den See, der Turm ist auch noch eine Attraktion für sich. Die schraubenförmige Konstruktion ist nämlich der höchste aus Holz errichte Aussichtsturm der Welt. Er besteht aus elf Ebenen, auf einer davon befindet sich ein Veranstaltungsraum, und er ist ganzjährig geöffnet. Und wenn man von dem spektakulären Blick auf den Wörthersee schließlich genug hat, kann man rasch die höchste und längste überdachte Rutsche Europas abwärtszischen. Vorausgesetzt man ist ein Erwachsener oder schon über 130 Zentimeter groß.

Überholter Trendsetter

RATTENBERG, TIROL

Rattenberg in Tirol, gelegen am Inn zwischen Jenbach und Wörgl, hätte vermutlich an sich in jeder Sammlung von nutzlosem Wissen über Österreich einen fixen Platz. Denn Rattenberg ist gleich zweifach die kleinste Stadt Österreichs. Einerseits nach Fläche (0,11 Quadratkilometer) und andererseits nach Einwohnern (393, Stand Jänner 2014). Die Stadt ist sogar so klein – sie besteht aus nur 93 Gebäuden und 94 fortlaufenden Hausnummern aufgeteilt auf insgesamt sieben Straßen –, dass die meisten eine Stadt ausmachenden Institutionen außerhalb der Stadtgrenze liegen. Unter anderem der Kindergarten und die Feuerwehr. Und sogar der Friedhof.

Das alles wäre an sich ja schon kurios genug, aber Rattenberg hat auch noch die Besonderheit, dass es *beinahe* eine internationale Sensation zu bieten gehabt hätte. Aber eben nur beinahe. Denn Rattenberg hat, wie viele an Südhängen von Bergen oder in engen Tälern gelegene Ansiedlungen, das Problem, oft im Schatten zu liegen. Konkret gibt es in Rattenberg von November bis März auch bei klarstem Himmel überhaupt kein Sonnenlicht. Die Stadt taucht also, ähnlich wie die griechische Göttin Persephone in die Unterwelt, jährlich ein halbes Jahr in den Schatten. Schuld daran ist der Schloßberg, der den im Winter niedrigeren Sonnenlauf blockiert. Das geht nun schon seit fast 800 Jahren so.

Anfang des Jahrtausends kamen jedoch einige findige Köpfe auf die Idee, das monatelange Dasein der Stadt als „Schattenberg" mithilfe moderner Technik zu beenden. Aber nicht mit massivem Einsatz von Kunstlicht, was außer Kosten nämlich nur eine geringe Lichtausbeute bringen würde, sondern mit einem geschickt am gegenüberliegenden Berg montierten Parabolspiegel! Konkret war an die Montage eines „selbstnachführenden Heliostats" in der Größe von 200 Quadratmetern gedacht, also eines Spiegels, der dem Sonnenverlauf folgt sowie feste Spiegel von insgesamt 400 Quadratmetern auf der Gegenseite, die das Licht über die Stadt verteilen sollten.

Das Projekt erregte bald internationales Aufsehen. Unter anderem schrieb 2005 „Der Spiegel" darüber, 2007 „stern" und auch noch 2008 wurde auf Ö1 von immer konkreteren Plänen berichtet. Allerdings gab es in der Stadt auch massive Widerstände gegen das Projekt. Und somit wurde die Chance verpasst, die weltweit erste Ortschaft zu werden, die mit einem Sonnenspiegelsystem beleuchtet wird.

Denn offenbar schallte der Ruf der Idee quer durch die Alpen – und erreichte Viganella, ein kleines an die Schweiz angrenzendes Dorf im italienischen Piemont. Das liegt zwar „nur" 83 Tage pro Jahr im Schatten, diese Dunkelheit aber reichte den Bewohnern ebenfalls, sodass dort seit Dezember 2006 insgesamt 40 Quadratmeter Spiegelfläche den Dorfplatz

erhellen. Der Rest liegt zwar noch immer im Dunkeln, aber durch Streustrahlung wird es seitdem im Winter immerhin wärmer. Und Viganella profitiert von der Touristenattraktion als weltweit erster im Winter durch einen Spiegel erhellter Ort.

Mittlerweile haben auch andere Schattendörfer nachgezogen, so etwa das norwegische Rjukan, das seit 2013 mit drei 17 Quadratmeter großen Spiegeln eine Lichtellipse von insgesamt 600 Quadratmetern erzeugt.

Und obwohl das Projekt in Rattenberg damals sogar auf das Interesse der EU stieß, die es im Rahmen der EUREKA-Förderung unterstützt hätte, und sich auch einen spanisches

Sonnengroßkraftwerk beteiligen wollte, konnten sich die Rattenberger nicht auf die Realisierung einigen und die Idee wurde fallengelassen.

Eines der Argumente für die Lichtinstallation war auch die Abwanderung aus der eh schon kleinen Stadt. Denn laut Umfrage leidet jeder zweite Rattenberger an der Dunkelheit. Ob der Spiegel gegen die Schrumpfung geholfen hätte, bleibt offen. Tatsache ist jedenfalls, dass der Stadt seit der Idee – 2006 hatte die Stadt 424 Bewohner – weitere 31 Bürger abhandengekommen sind.

Übrigens, direkt gegenüber von Rattenberg liegt die Ortschaft Voldöpp (siehe Makroeintrag → *Ortsnamen der anderen Art*) – was den Sprachspieler in mir natürlich immens begeistert.

Österreichs sonnenreichster Ort liegt übrigens in Kärnten und heißt Diex. Dort gibt es pro Jahr verschwenderische 2.000 Sonnenstunden.

Brnn-tata – Brnn-tata

REIFNITZ AM WÖRTHERSEE, KÄRNTEN

Ob man darauf stolz ist oder nicht, ob man es ignoriert oder hinstarrt wie auf einen, nun, Autounfall, ob wir wollen oder nicht: In Reifnitz am Wörthersee findet jedes Jahr zu Christi Himmelfahrt das berühmt-berüchtigte „Golf GTI Treffen" statt. Zu diesem weltweit größten VW-Treffen kommen jedes Jahr Zehntausende (angeblich sogar bis zu 200.000) Autofahrer und -innen an das Südufer des Wörthersees. Aus einem lokalen Treffen von 100 heimischen GTI-Freunden (ab 1982) entwickelte sich nach und nach eine der größten Tourismusattraktionen der Gegend mit Volksfestcharakter. Nach ballermannähnlichen Exzessen in den 90er-Jahren wurde das Festival schließlich etwas straffer organisiert und wird seit 2006 auch offiziell vom Volkswagenkonzern gesponsert. Der p(r)oloähnliche Golf GTI ist im Lauf der Zeit dabei etwas aus dem Fokus geraten. Mittlerweile kann man mit jedem VW-Modell auftauchen, vom Oldtimer bis zum superaufgetunten Käfer. Außerdem gibt es Konzerte, Partys und VW präsentiert aktuelle Modelle. Auch wenn es immer wieder Kritik daran gibt, ist das Treffen wohl in Stein

gemeißelt. Das unterstreicht vor Ort auch ein in Granit gehauener Golf, der seit 1987 als Denkmal in Reifnitz steht. Aus einem Stück Fels, das aus Südschweden importiert worden war, meißelten Steinmetzlehrlinge in Wolfsburg einen Golf GTI in Originalgröße. Das 25 Tonnen schwere „Auto" wurde anschließend mit einem speziellen Transporter nach Reifnitz gebracht und vom damaligen Vorstandsvorsitzenden von VW übergeben. Fred Feuerstein hätte daran wohl seine helle Freude.

Putzmänner und Fast-Food-Gold

SALZBURG*, SALZBURG

Salzburg, die Hauptstadt von, nun, Salzburg, ist weltberühmt und hat an aktuellen wie historischen Details reichlich zu bieten. Auch ganz abgesehen von ihrem berühmtesten Bürger Wolfgang Amadeus Mozart, den Salzburger Festspielen und der Festung Hohensalzburg. Wobei Letztere, weiß über dem Rest der Stadt thronend und 1077 errichtet, mit einer bebauten Fläche von 7.000 Quadratmetern eine der größten Burgen Europas darstellt.

Ein etwas weniger bekanntes Gemäuer ist das Schloss Altenau. Auch weil es heute nicht mehr so heißt. Aber auch unter seinem heutigen Namen, Schloss Mirabell, ist es ein kleinerer Publikumsmagnet als sein sehr wohl weltberühmter Garten, der einen mitten in der Stadt plötzlich in eine ganz andere Epoche zu zaubern vermag. Interessant ist, wie es zu der Errichtung dieses Schlosses kam. Es wurde nämlich aus

---

* Da über jede Landeshauptstadt Österreichs natürlich sehr viel, eventuell sogar Buchfüllendes, zu berichten wäre, beschränken sich die Einträge hier auf einige spezielle Fakten.

Liebe eines Herrschers zu einer jungen Frau gebaut. Das wäre nun nicht so außergewöhnlich – wären die Herrscher von Salzburg nicht über Jahrhunderte Fürsterzbischöfe gewesen. Und der Name beinhaltet zwar das Wort *Fürst*, aber auch das Wort *Bischof*, im konkreten Fall waren es also katholische Geistliche. Was Wolf Dietrich von Raitenau, einen der bedeutendsten und im Stil von Renaissancefürsten herrschenden Fürsterzbischöfe Salzburgs, nicht davon abhielt, sich offiziell eine Lebensgefährtin namens Salome Alt zu nehmen, und mit ihr 15 Kinder zu haben. Zwar versuchte er, von Rom diesbezüglich einen Dispens zu erlangen, man munkelte sogar, er sei im Geheimen verheiratet gewesen, und überhaupt rechnete man damals mit einer baldigen Aufhebung des Zölibats … aber, nun, offiziell wurde da nie was draus. Jedenfalls verdankt ihm die Stadt nicht nur das nach dem Namen seiner Frau „Altenau" und später in Mirabell unbenannte Schloss, sondern auch ihr bis heute weltberühmtes barockes Aussehen.

Die Stadt Salzburg ist links und rechts der Salzach recht hügelig, stellenweise sogar an veritable Berghänge gebaut. Was keine geringen Gefahren für die Häuser und deren Bewohner darstellt. Und so kam es, wie es kommen musste: 1669 ereignete sich in der Nacht vom 15. auf den 16. Juli ein gewaltiger Felssturz, bei dem über 220 Menschen ums Leben kamen. Um derartigem vorzubeugen, beschäftigt die Stadt seit damals eine eigene Eingreiftruppe mit der einmaligen Berufsbezeichnung „Bergputzer". Ihre Hauptaufgabe besteht darin, sich an verdächtigen Hängen der Stadt abzuseilen und dabei lockeres Gestein abzuschlagen sowie Sträucher und Baumwurzeln zu entfernen. Dabei müssen an die 300.000 Quadratmeter Fels überprüft werden und es kommen jährlich 50–80 Kubikmeter Material zusammen …

Zwei kurze Anmerkungen doch noch, zwar nicht zu Wolferl Mozart persönlich, aber zur unvermeidlichen, nach ihm benannten Salzburger Mozartkugel. Denn zum einen ist sie viel jünger, als man vermuten würde: Die erste Salzburger Mozartkugel rollte erst 1890 vom Tisch des Konditors. Und zum anderen wurde sie erst ab 1900 so genannt: Vorher lautete ihr Name schlicht „Mozart-Bonbon".

Eine weitere kulinarische Besonderheit findet sich in der Getreidegasse. Diese historische Straße Salzburgs steht unter besonders verschärftem Denkmalschutz. So dürfen die dort ansässigen Gewerbetreibenden nicht einmal in die Straße ragende moderne Beschriftungen oder Werbetafeln an den Hausfassaden anbringen. Selbst wenn sie eine internationale Marke sind, die überall gleich auftritt. Wie zum Beispiel McDonald's. Als die amerikanische Schnellrestaurantkette eine Filiale in der historischen Gasse eröffnete, musste sie sich den geltenden Regeln unterwerfen. Aber McDonald's ist bekanntlich flexibel, so bieten sie weltweit je nach vor Ort verspeisten oder mit Tabu belegten Tieren unterschiedliche Burger an und verzichteten im bereits damals umweltbewussten Österreich schon bald nach der Ankunft auf die in anderen Weltteilen immer noch verwendeten Styroporbehälter für ihre Waren. In der Getreidegasse führte diese Anpassungsfähigkeit zu einem weltweit einzigartigen

schmiedeeisernen Hauszeichen, wie es etwa Schneider oder
Becker schon im Mittelalter verwendeten. In Salzburg werden diese Aushänge „Wandarm" genannt und McDonald's
adaptierte für diesen Zweck einfach den ihrer Vorgänger.
Denn an dieser Lokalität, dem Mödlhamerhaus (Getreidegasse 26, unweit von Mozarts Geburtshaus), befand sich
bereits 1639 ein Gasthof mit dem Namen „Zum Goldenen
Löwen" (später „Wirts- und Bräuhaus Mödlhamer"). Deswegen ragt heute ein großer schmiedeeiserner Wandarm mit
Bräuerzeichen und einem Löwen hervor – auf dem inmitten
eines grünen Buschen das goldene Metall eines typischen
„M" prangt.

Mona Lisa ohne Lächeln

ST. PÖLTEN*, NIEDERÖSTERREICH

Die Frage, ob Niederösterreich vor 1986 eine Hauptstadt hatte oder nicht, lässt sich nicht so wirklich endgültig beantworten. Seit damals ist das nun aber St. Pölten und damit endete eine lange Ära von interessanten Konstruktionen und juristischen Definitionen.

Und es ist auch nicht unamüsant, wie Niederösterreich schließlich tatsächlich zu seiner Hauptstadt kam. Die Sache liegt ja eigentlich gar nicht so lange zurück, dennoch haben viele Menschen die genauen Umstände heute wohl schon wieder vergessen. Oder verdrängt.

Die Tatsache, dass es bis 1986 keine wirkliche eigene niederösterreichische Landeshauptstadt gab, hat eine lange Tradition, die bis ins Mittelalter zurückreicht. Nach der Expansion der Babenberger Richtung Osten verlegten sie auch ihre Residenzstadt von Pöchlarn zuerst nach Melk, dann nach Klosterneuburg. Wien war schließlich ab 1142 die Hauptstadt des Umlandes und (nach ein paar anfänglichen Wech-

---

* Da über jede Landeshauptstadt Österreichs natürlich sehr viel, eventuell sogar Buchfüllendes, zu berichten wäre, beschränken sich die Einträge hier auf einige spezielle Fakten.

seln) in Folge nun eben gleichzeitig die Hauptstadt zuerst des Babenberger-, und dann eben des Habsburgerreiches wie auch der niederen Lande rundum. Weil schlicht das Kernland der Monarchie.

Erste Überlegungen über eine tatsächliche Trennung, die auch mit dem immer größeren Anwachsen von Wien, territorial wie von der Bevölkerung her, zusammenhingen, gab es erst ab 1894. Die Idee war damals, bei einem weiteren Wachsen Wiens Floridsdorf zur Hauptstadt von Niederösterreich zu machen. Allerdings wuchs Wien dann auch Richtung Floridsdorf ... und damit war das erst mal vom Tisch.

Die juristische Trennung von Wien und Niederösterreich in zwei eigene Bundesländer erfolgte sogar erst nach dem Ersten Weltkrieg. Einer der Hauptgründe dafür war, dass Wien aufgrund seiner Mandatsmehrheit (mehrheitlich sozialdemo-kratisch) jederzeit über die Mandatsminderheit der Nieder-österreicher (mehrheitlich christlichsozial) „drüberfahren" konnte, was in den vier Vierteln rundum nicht gerade wohlgelitten wurde. Außerdem stellten Niederösterreich und Wien gemeinsam gut die Hälfte (!) der Bevölkerung der neuen Republik – heute ja auch noch mehr als ein Drittel –, was den anderen vergleichsweise unterbevölkerten neuen Bundesländern auch nicht so ganz schmeckte. Also wurden die beiden 1920 rechtlich getrennt. Wien wurde (internatio-nal ja nicht so selten) in Personalunion die Hauptstadt von ... Wien. Und Niederösterreich? Sagen wir so: In dieser Zeit hatte die junge Republik ganz andere Sorgen (Stichwort:

Wirtschaftskrise und Bürgerkrieg), als die Verwaltungseinheiten eines Millionenbundeslandes (teuer) umzusiedeln.

Damit blieb Wien der Sitz der niederösterreichischen Landesregierung – und damit in gewisser Weise auch doppelte Hauptstadt. Die meisten Teile, also viele Ämter und andere Institutionen des Landes, waren über ganz Wien verteilt. Aber das „Landhaus" war in der Innenstadt angesiedelt und besaß eine Art extraterritorialen Status. Deshalb konnte man auch mit einer gewissen Berechtigung sagen, die Hauptstadt von Niederösterreich läge in der Herrengasse.

Einschub: Hier ist Platz für die Berichtigung einer bekannten Anekdote, die wie folgt lautet. Als der damalige (und noch immer!) Landeshauptmann von Niederösterreich einmal öffentlich erklärte, das einzige Buch, das er jemals ganz gelesen hätte, wäre „Der Schatz im Silbersee" gewesen, reagierte 1995 eine Buchhändlerin in der Herrengasse prompt: Sie dekorierte eine Auslage ganz ins schwarz und präsentierte in der Mitte erhöht und speziell ausgeleuchtet auf einem Podest eben jenes epochale Werk des nur knapp am Nobelpreis vorbeigeschrammten Literaten Karl May.

Wahr ist an dieser Geschichte ... eigentlich eh alles. Der einzige Schönheitsfehler: Das Buchgeschäft lag in der Margaretenstraße. Das heißt, Erwin Pröll hat die Auslage nicht täglich gesehen. Aber er wird wohl davon gewusst haben – immerhin schaffte es die Story sogar bis in die Printausgabe des deutschen „Spiegel".

Übrigens fand eine andere Geistesgröße der ÖVP das Outing

seines Chefs damals gar nicht so schlimm. Ernst Strasser (ja
der), zu dieser Zeit Landesparteisekretär, kommentierte die
Causa nämlich so: „Das mögen die Leut', damit wirkt der
Landeshauptmann wenigstens net so obergscheit."
Wie auch immer. Pröll regiert das Land nun seit sage und
schreibe 22 Jahren und er war auch der erste Bezieher des
neuen Landhauses, aber eine Feder kann er sich leider nicht
an den Hut stecken: Er hat die neue Hauptstadt nicht erfunden. Doch zuvor noch ein wenig mehr Geschichte.
Erstmals bekam Niederösterreich während er Nazi-Herrschaft eine eigene Hauptstadt, wenn auch nur partiell und
nominell. Denn zum „Reichsgau Niederdonau" (das Wort
„Österreich" war auch in Zusammensetzungen verboten)
gehörten durch die Errichtung des „Gau Wien" weitaus
weniger Territorium und auch weniger wirtschaftlich bedeutende Städte als heute. Außerdem wurde die „Gau-Haupt-
stadt" zwar Krems, was aber, wie nach der ersten Trennung,
keinerlei praktische Auswirkungen hatte, weil man erneut,
diesmal Stichwort Zweiter Weltkrieg, ganz andere Sorgen
hatte.
Nach dem Ende der Diktatur störte sich trotz des historisch
gewachsenen Pallawatsch wieder jahrzehntelang kaum
jemand an der Sache. Wozu auch? Wien lag zentral, war für
jeden Niederösterreicher leicht erreichbar … Ja, man muss
leider sogar so weit gehen zu sagen, alle Wege Niederösterreichs führten und führen nach Wien. Was unter anderem
zahlreiche „Wiener Straßen" in fast jedem größeren Ort des
Landes belegen.

Aber dann kam Landeshauptmann Siegfried Ludwig! Der später mit dem Beinamen „Vater der Landeshauptstadt" Geehrte überzeugte seine und schließlich auch die „andere" Partei, dass es an der Zeit wäre, dem Land eine Hauptstadt zu schenken, denn ein Land ohne eine Hauptstadt wäre ja wie …

ein Himmel ohne Sterne
ein Weinviertel ohne Wein
die Mona Lisa ohne Lächeln
oder, um die größte PR-Leistung der Kampagne herauszustreichen, wie …
ein Gulasch ohne Saft (!)

Landauf, landab wurden Tausende dieser Botschaften plakatiert, um schließlich daranzugehen, für das arme Land einen Saft zu finden. Dabei war die Sache in der Bevölkerung nicht unumstritten. Nicht jeder wollte wirklich eine eigene Landeshauptstadt und dafür gab es auch gute Gründe: die gute Erreichbarkeit von Wien; unnötige Konkurrenz unter den potentiellen Städten im Vorfeld; eine westlich gelegene Hauptstadt wäre von Süden her schlecht zu

erpendeln, eine südliche von Westen; die Kosten für den Umzug und die Errichtung aller nötigen Gebäude.

Außerdem waren viele Landesbeamte nicht besonders glücklich über die Idee, hatten doch viele von ihnen Zweitwohnsitze in Wien oder lebten gar mit der ganzen Familie hier. Die Kinder besuchten Wiener Kindergärten oder Schulen, man erfreute sich an den Annehmlichkeiten einer Großstadt.

Aber die Sache war beschlossen. Nur welche Stadt sollte die von Teilen der Bevölkerung bereits „Ludwigsburg" genannte Kapitale werden? Baden, Mödling oder Klosterneuburg wären sehr zentral gewesen, aber dann wieder doch zu knapp an der ehemaligen, äh, Verwaltungshauptstadt. Krems wurde von Intellektuellen und Künstlern präferiert, um ein Zeichen für ein kulturell reiches Land zu setzen. Wiener Neustadt, die alte Kaiserstadt der Habsburger, wiederum wäre günstig an der A2 und der Südbahn gelegen ...

Kurz, Begeisterung wollte nicht so wirklich aufkommen. Was man auch dran erkennen konnte, dass sich unter den skeptischen Niederösterreichern auf die direkte Frage „Hauptstadt ja oder nein?" lange keine Mehrheit für eine solche fand.

Um einem Misserfolg zuvorzukommen, zog die Landespolitik alle Register. Die ganze Kampagne erweckte den Eindruck, dass es eh bereits eine ausgemachte Sache war, dass Niederösterreich eine (neue) Hauptstadt bekommen würde, offen sei nur wo. Deshalb wurden Wien oder Phrasen wie „Verbleib bei Wien" tunlichst vermieden. Auch auf dem amtlichen Stimmzettel zur Volksbefragung am 1. und 2.

März 1986 war zuoberst eine durchaus kampagnisierende Präambel zu lesen: „Durch Schaffung einer Landeshauptstadt bei gleichzeitiger Förderung der regionalen Zentren kann Niederösterreich für mehr Arbeitsplätze im eigenen Land vorsorgen. Ziel dieses Gesetzes ist es, die Bürger zu befragen, ob sie die Errichtung einer Landeshauptstadt in Niederösterreich wünschen. Dabei ist jenen Landesbürgern, die für die Errichtung einer Landeshauptstadt in Niederösterreich stimmen, Gelegenheit zu geben, sich für eine der niederösterreichischen Gemeinden als Landeshauptstadt auszusprechen.“

Darunter dann groß die Frage: „Soll Niederösterreich eine eigene Landeshauptstadt bekommen?“

❑ Ja ❑ Nein

Weiter unten dann die Auswahl an im Vorfeld bestimmten möglichen Landeshauptstädten, bei denen Wien logischerweise nicht genannt wurde. In gewisser Weise, vor allem auch optisch gesehen, eine reine Positivabstimmung für die genannten Städte. Viele Niederösterreicher haben mir damals versichert, wäre statt der Zweiteilung der Frage einfach Wien als eine der Alternativen auf dem Stimmzettel gestanden, wäre die Befragung anders ausgegangen. So entschied sich aber eine je nach Sichtweise relativ knappe oder aber doch deutliche Mehrheit von 56 Prozent für eine eigene Landeshauptstadt und unter den angebotenen Städten kam es zu folgendem Ergebnis:

St. Pölten 45 %, Krems 29 %, Baden 8 %, Tulln 5 %, Wiener Neustadt 4 %.

Außerdem nutzten einige auch die Möglichkeit, ihre Wunschhauptstadt einzutragen. Unter ihnen erreichte Hollabrunn mit 0,5 % die höchste Stimmenzahl. Damit wurde St. Pölten mit relativer Mehrheit nach Jahrhunderten der Saftlosigkeit Hauptstadt des niederösterreichischen Gulaschs.

Hm, St. Pölten? *Das* St. Pölten? Ok, die Stadt war damals schon recht groß, lag an der A1 und an der Westbahn, war auch als Schulstadt bekannt – aber es gab (und gibt) wohl kaum eine niederösterreichische Stadt mit weniger Charisma als St. Pölten. Immer wieder ein Ziel für Spott und Hohn wurde St. Pölten in Sachen Häufigkeit seiner Nennung in österreichischen Satiren, geschlagen gerade noch von Gramatneusiedl. So scherzte das Duo Stermann & Grissemann, dass in St. Pölten erst seitdem dort die alte Post abgerissen wurde, die Post abgehe. Auch der Gottvater aller österreichischen Schüttelreimer, Franz Mittler, schüttelte schon vor Jahrzehnten: „Dem Mutigen bangt selten / was graut dir vor St. Pölten?"

Aber vielleicht war das ja der perfide Witz der Abstimmenden, die Würde eines Verwaltungssitzes gerade jener Stadt zuzuerkennen, die sowieso schon ein mausgraues Bürokratenimage besaß. Und zu diesem und einem bereits anhaftenden leicht provinziellen Flair konnte sich nun auch noch getrost die jeder Hauptstadt eigene Ablehnung und Verspottung der durch sie Regierten dazugesellen.

Wie auch immer, am 10. Juli 1986 wurde also St. Pölten mit Landtagsbeschluss zur Landeshauptstadt von Niederösterreich, und gut 30 Jahre später ist das alles Schnee von gestern und man hat sich schlicht daran gewöhnt, dass St. Pölten nunmehr unumstößlich die Hauptstadt des Landes ist.

Am Tag des Hauptstadterhebungsfests, bei dem auch der Schreiber dieser Zeilen, es sei gestanden, anwesend war, war übrigens ganz St. Pölten in den Stadtfarben Rot und Gelb geschmückt. Alle Kleidungsgeschäfte zeigten – geschmacklich fragwürdig – rot-gelb bekleidete Schaufensterpuppen und einige wenige Mutige wagten sich sogar mit einer solch bedenklichen Kombination auf die Straße. Dann dauerte es noch über 10 Jahre, bis St. Pölten mit der Fertigstellung des Landhausviertels auf der, wie man so sagt, „Grünen Wiese" 1997 schließlich auch Sitz der niederösterreichischen Landesregierung wurde.

Als Landeshauptstadt steht St. Pölten neben anderen Privilegien seit der Umstellung der Autokennzeichen natürlich auch die Ehre eines Einzelbuchstabens zu. Was bei der einzigen Hauptstadt Österreichs, die einen aus zwei Worten bestehenden Namen ihr Eigen nennt, freilich besonders viel Sinn ergibt – und allen Pöltnern seitdem täglich viel Freude beschert.

Apropos Autokennzeichen. Was man sich in so manchen Amtsstuben ausdenkt, ist für den normalsterblichen Bürger ja bekanntlich oft schwer nachzuvollziehen. So führte auch die Einführung der neuen Autokennzeichen 1988 österreichweit zu so manchem Kopfschütteln. Nicht nur, dass viele bis zuletzt um die alten schwarzen Nummerntafeln rangen, auch unter Mithilfe von Friedensreich Hundertwasser, der hier einige wirklich schöne Entwürfe lieferte, auch die Abkürzungen für die neuen Verwaltungseinheiten sorgten für Stirnrunzeln.

Denn, zum Vergleich, den Regionalabkürzungen etwa auf deutschen Autokennzeichen kann man fast immer ansehen – beziehungsweise lässt es sich auch mit nur geringen Kenntnissen über die Geografie Deutschlands leicht erraten, woher das Auto stammt, weil fast immer die ersten zwei oder auch drei Buchstaben des Ortes, auch mit Umlauten, verwendet werden.

In Österreich ging man etwas unorthodoxer – oder eigentlich orthodoxer, im Sinne von streng und reglementiert – an die Sache ran. Die Regel „Ein Buchstabe für Hauptstädte, zwei für alle anderen Städte und Gebiete, keine Umlaute" führte zu einer Reihe von Verrenkungen, die gerade Niederösterreich besonders hart getroffen haben.

Einige Orte hatten Glück: bei Amstetten (AM), Horn (HO), Korneuburg (KO), Melk (ME), Mistelbach (MI), Tulln (TU) kann man die Herkunft recht gut ablesen.

Problematischer wird's schon bei Krems. Während die Umgebung „Krems-Land" das logische KR führen darf, muss sich die Stadt Krems mit dem verwortakelten Kürzel Krem**S** begnügen. (Ja, ich weiß, dass das vermutlich **Krems**-**Stadt** heißen soll, aber wann lasse ich mir schon einen billigen Scherz entgehen?)

Den letzten statt dem zweiten Buchstaben mussten sich auch Bade**N**, Gänserndor**F** (wer denkt bei GF nicht zuerst an Gföhl?) und Gmün**D** gefallen lassen. Eine gewisse Logik kann man noch bei Bruck an der Leitha, Wiener Neustadt, Waidhofen an der Thaya, Waidhofen an der Ybbs und Wien Umgebung erkennen. Bei LilienFeld wird's schon wieder fraglich, bei MöDling schon fast absurd. Und weil WL schon Wels-Land gehört, muss Wiener Neustadt-Land sich mit WB begnügen.

Warum bei HoLlabrunn der dritte (oder vierte?), bei ScheiBbs und ZweTtl dafür der drittletzte (zweitletzte?) Buchstabe herhalten mussten, bleibt leider ungeklärt. Dafür grassieren natürlich diverse sakrale Wunschkennzeichen vom HL Franz bis zur HL Susi.

Besonders schlimm erwischt hat's aber, wie oben bereits erwähnt, die Hauptstadt. Während alle anderen ihren angestammten ersten Buchstaben tragen dürfen, muss das arme St. Pölten, weil Salzburg schon das S gekapert hat, seinen heiligen Status (an Hollabrunn?) abgeben und wurde auf ein Restl namens Pölten reduziert. Dass St. Pölten-Land in dieser zwingenden Logik zu PL wird und damit nahe an das Landeskennzeichen für Polen heranrückt, kann die Hauptstädter da wohl auch kaum mehr trösten.

Allerdings findet sich an unerwarteter Stelle eine recht gelungene, ja, künstlerische Präsentation dieser bürokratischen Hervorbringungen. Denn wer an St. Pölten vorbeifährt, und, Hand aufs Herz, die meisten Österreicher fahren eher an St. Pölten vorbei als dorthin, hat sich vielleicht schon einmal über die eigenartigen Farbflecken auf der Lärmschutzwand der A1 bei der Durchquerung des Ortsgebiets gewundert. Bei näherer Betrachtung dieser verschiedenfarbig gestalteten Balken der Lärmschutzwand lassen sich nämlich ein etwas stark reduziertes Wappen des Landes (gelbe ununterbrochene Streifen auf blauem Grund) sowie auf den ersten Blick kryptische und zufällig wirkende Buchstaben erkennen. Lange Zeit vermutete ich dahinter ja die Initialen verspielter Bauarbeiter, bis mir nach etlichen Durchquerungen schließlich ein Licht aufging. Es handelt sich dabei um eine eigentlich recht hübsche optische Repräsentation aller Autokennzeichenzeichen Niederösterreichs. In alphabetischer Reihenfolge. Achten Sie das nächste Mal doch darauf, wenn Sie sich auf Höhe 54 Kilometer der Westautobahn befinden.

Affentheater

SCHMIDING, OBERÖSTERREICH

Wer in Österreich Zoo sagt, meint in den meisten Fällen den Tiergarten Schönbrunn. Und der ist natürlich voll super, einer der ältesten (blabla), einer der tollsten (blabla), einer der modernsten (blabla), einer der fruchtbarsten (tatsächlich) … und dann gibt es dort noch die ganze Kabbalamystik von Maria Theresias unterbeschäftigtem Ehemann Franz I. Stephan (ausgiebig gewürdigt in meinen diversen Wienbüchern). Aber Schönbrunn ist bei Weitem nicht der einzige Zoo in Österreich. Sehr bekannt ist etwa der in Innsbruck (siehe Mikroeinträge → *Innsbruck*) oder der Tiergarten Hellbrunn Salzburg. Auch vom Tierpark Herberstein und vom Tierpark Stadt Haag hat man als in Österreich Lebender sicher schon zumindest gehört. Die animalischen Sammlungen Tierpark Linz und Raritätenzoo Ebbs waren mir vor meiner Recherche, das muss ich gestehen, bisher jedoch nicht bekannt. Dazu kommen noch eine ganze Reihe von kleinen Zoos und Sammlungen, die oft regionalen Tierarten oder einem gewissen Thema gewidmet sind. Dass es in Österreich aber neben den erwähnten noch eine weitere bedeutende Tiersammlung im großen Maßstab gibt, weiß man nur, wenn man sich ernsthaft für die Materie interessiert (oder in Oberösterreich lebt).

Denn hier, in der Gemeinde Krenglbach, unweit von Wels, gut versteckt hinter einer üblichen neuzeitlich-ländlichen Dorfkulisse, liegt ein erstaunlich großer und gut ausgestatteter Tiergarten namens „Zoo Schmiding". Der Zoo Schmiding bietet unter anderem die größte begehbare Greifvogelfreifluganlage der Welt, mit insgesamt 25.000 Kubikmetern Raumvolumen und Bewohnern wie dem Gänsegeier, dem Wollkopfgeier, dem Kondor sowie dem Milan. Diese gigantische Voliere geht auf die Wurzeln des Zoos zurück, eröffnet wurde er nämlich 1982 als Österreichs größter Vogelpark. Mittlerweile ist die Sammlung aber außergewöhnlich gewachsen. So findet man hier in ein großzügiges Tigergehege, Giraffen, Affen, Faultiere usw. Außerdem gibt es einen angeschlossenen Aquazoo mit Österreichs größtem Meeresaquarium sowie einem Anthropodenzoo, einer Sammlung von allerlei erstaunlichem Kriechgetier inklusive Schmetterlingsraum. Abgesehen von diesen Besonderheiten hat der Zoo Schmiding aber noch etwas, das kein anderer Zoo in Österreich hat: nämlich Gorillas.

Das Gehege der Menschenaffen, eine der Natur nachempfundene „Gorilla-Bai", gliedert sich auf 1.800 Quadratmetern in einen Außenbereich, einen klimatisierten Innenbereich und eine Schlafanlage. Bei den Gorillas in Oberösterreich handelte es sich um eine Junggesellengruppe und bei Bedarf wurden die Herren auch in andere Zoos exportiert. So zum Beispiel wurde 2008 der Schmiedinger Leitgorilla Bukavu ins englische Blackpool übersiedelt, wo er den gerade vakant gewordenen Platz als Haremchef einnahm und mittlerweile auch schon für Nachwuchs gesorgt hat. Wer schon mit anderen Menschenaffen wie etwa der bekannten Orang-Untan-Dame Nonja in Wien (das einzige Tier, das in meinem vorhergehenden Buch über prominente Österreicher einen eigenen Eintrag hat) Kontakt geschlossen hat, weiß genau, wie verblüffend das sein kann. Eine ganz neue Dimension in Sachen Menschenähnlichkeit und Seelenverwandtschaft kann man allerdings bei der Begegnung mit einem Gorilla erleben. Wie bei meinem bisher einzigen und eigentlich total zufälligen Besuch des Zoos in Schmiding. Als ich nämlich nichtsahnend um die Ecke bog und ins nächste Gehege lugte, war mein erster Eindruck, in den FKK-Bereich auf der Donauinsel gebeamt worden zu sein. Denn vor meinen Augen räkelte sich offenbar ein auf dem Rücken liegender, recht behaarter und ausgesprochen gut bestückter Mann. Nachdem ich einen Zoowärter beim Sonnenbaden in der Mittagspause ausgeschlossen hatte, entdeckte ich erst bei genauerem Hinschauen, dass es sich dabei um einen Gorilla handelte. (Zur Warnung auch an Klosterschulen, die vielleicht einen Ausflug nach Schmiding planen.)

Hemingway und die Tschaggunsen

SCHRUNS/TSCHAGGUNS, VORARLBERG

Schruns-Tschagguns klingt wohl so manchem Österreicher im Kopf, ohne den Ortsnamen aber tatsächlich (geografisch) einordnen zu können. Und eigentlich gibt es Schruns-Tschagguns auch gar nicht. Denn genau genommen handelt es sich um zwei separate Gemeinden, eben Schruns und Tschagguns, im Vorarlberger Montafon. Dass sie oft gemeinsam genannt werden, liegt zum einen an ihrer binnenreimartigen Homophonie und zum anderen daran, dass sie unter diesem Namen werbetechnisch als Urlaubsregion auftreten. Natürlich, ich gestehe, sind sie auch hier hauptsächlich deswegen vertreten, weil sie in den Ohren nichtalpiner, nicht-alemannischer Bewohner Restösterreichs (und wohl darüber hinaus) einfach seltsam und lustig klingen. Sonst gibt es über beide Orte nicht rasend viel Kurioses zu berichten. Außer vielleicht, dass in Schruns ein Hemingway-Denkmal steht, weil der berühmte Autor Mitte der 1920er-Jahre zwei Winter im Montafon verbracht hatte, wo er auch an seinem ersten Roman „Fiesta" arbeitete. In zwei späteren Romanen nahm er auch auf seine Aufenthalte

hier Bezug. Tschagguns bietet dafür noch eine Reihe von sehr hübsch benannten Ortsteilen wie Tschegga, Nira, Lantschisott, Bitschweil und Bödmenstein. Außerdem hat sich die Doppelgemeinde, last not least, auch deswegen einen Platz in diesem Buch verdient, weil sie Österreichs Starkabarettist Josef Hader in seinem Lied „So ist das Leben" zu zwei ergreifend schönen Reimen inspirierte, die ich hier gerne zitieren möchte:

So is' das Leben
Der ane kommt nach Paris
Der andre nach Schruns-Tschagguns
Ja des Leben spielt mit uns.
In Paris begrabn's die Pariser,
In Schruns-Tschagguns die Schruns-Tschaggunsen
Olles Blunzen.

Danke, Josef.

Alpen-U-Bahn

SERFAUS, TIROL

Wien hat im Vergleich zu anderen Weltstädten recht spät ein modernes U-Bahn-System erhalten. Und das noch mit einer eklatanten und legendären numerischen Lücke, nämlich jener zwischen U4 und U6. Diese Lücke mit rekordverdächtiger Verspätung (die U6 wurde 1989 eröffnet) zu schließen, wurde erst zum Zeitpunkt der Verfassung dieser Zeilen beschlossen.

Die anderen heimischen größeren beziehungsweise (vier) Großstädte* verzichten bislang auf ein Netz unterirdischer Bahnen. Dennoch gibt es neben den fünf Linien U1–U6 in Wien auch jetzt schon eine sechste U-Bahn in Österreich. Und zwar in einem Bergdorf namens Serfaus in 1.100 Metern Seehöhe.

Die Geschichte ist eigentlich rasch erzählt. Um den Touristen- und Skiort (7.500 Gästebetten) attraktiver und fußgängerfreundlicher – die Dorfstraße zum Skigebiet ist eine Sackgasse – zu machen, wurde schon 1970 beschlossen, alle Autos aus dem Zentrum des Ortes zu verbannen. Seitdem müssen sie in klassischer Park-and-Ride-Manier außerhalb parken. Da aber auch die darauffolgende Pendelbusinflation die Anzahl der Urlauber und Skifahrer nicht mehr bewältigen konnte, und die Strecke noch dazu mit Skischuhen und geschulterten Skiern kaum zu bewältigen ist, wurde als Entlastung eine das Ortsbild nicht störende Alternative gewählt: Man ging in den Untergrund.

Und so entstand 1986 die „Dorfbahn Serfaus" mit immerhin 1.280 Metern Länge. Sie gilt nach der tür-  kischen „Tünel" (kein Witz) im europäischen Teil Istanbuls als die zweitkleinste U-Bahn der Welt. Die U-S(erfaus) ist eingleisig, technisch eine Luftkissenschwebebahn und rechtlich eine Standseilbahn. Der fahrende Teil selbst besteht aus zwei Kabinen mit insgesamt 6 Türen und verkehrt fahrerlos. Und schaffnerlos, da die Benützung gratis ist. Die Strecke von der Ortsgrenze bis zum Skilift verläuft unter der Dorfstraße, die mittlerweile Dorfbahnstraße heißt, und hat vier Stationen: „Parkplatz" – „Kirche" – „Raika" – „Seilbahn". Was, vermutlich unbeabsichtigt, eigentlich auch die perfekte, ja, ultimative Zusammenfassung des Raison

d'Être praktisch jeden österreichischen Skiorts darstellt ...

Am oberen Ende geht es dann per Alpkopfbahn, Komperdellbahn und dem Sunliner (einer Kabinenbahn) weiter ins Skigebiet. Die beiden aneinandergehängten Kabinen sind zusammen etwas über 30 Meter lang, jeweils etwa zwei Meter breit und bieten insgesamt 270 Personen Platz. Bei einer Höchstgeschwindigkeit von 40 km/h und einer Fahrtzeit von sieben Minuten kann die Bahn in der Stunde bis zu 2.000 Personen befördern. Inzwischen wird an einer Erneuerung und an einem Ausbau getüftelt, an dessen Ende Stationsvergrößerungen und statt einer Bahn zwei unabhängige, in kurzem Abstand hintereinanderfahrende Kabinen stehen sollen.

Im Sommer verkehrt die Bahn von 7.45 bis 18.45 Uhr, im Winter sind die Betriebszeiten zwischen 8 Uhr und 19 Uhr. Ausgenommen Mittwoch: Während der sogenannten „Adventure Night" (Kopfkino springt an) ist die U-Bahn sogar bis 24 Uhr in Betrieb. Also fast so lang wie in Wien.

Eine sehr schöne und reich bebilderte Beschreibung der Bahn und Strecke, auch technisch, findet der an weiteren Details Interessierte im Internet auf einer exklusiv Standseilbahnen (Englisch „Funiculars") gewidmeten Website unter http://www.funimag.com/funimag13/serfaus01.htm

---

* International wird eine Großstadt definiert als eine Stadt mit über 100.000 Einwohnern. Das trifft in Österreich neben Wien nur auf Graz, Linz, Salzburg und Innsbruck (knapp) zu. Klagenfurt scheitert (ebenso knapp) an der hektomillenialen Hürde.

Marias märchenhafter Taler

ÖSTERREICH MONETARISCH: VON KREUZERN ÜBER HELLER BIS ZU GULDEN UND GROSCHEN

In Nestroy- und Raimund-Stücken fliegen sie einem noch heute um die Ohren: die Heller und Kreuzer und Gulden und Taler und Dukaten. Für das durchschnittliche Publikum klingt das dann allerdings meistens eher so wie: „wenig Geld" (Heller und Kreuzer) oder „viel Geld" (Gulden und Dukaten). Taler würde man vermutlich irgendwo dazwischen vermuten. Tatsächlich hat auch das Gebiet, das heute Österreich ausmacht, wie viele andere Gegenden dieser Welt eine wechselvolle Geschichte, was die Zahlungsmittel betrifft. Gerade in Europa gingen die mannigfaltig wechselnden Herrschaftsverhältnisse und politische Umbrüche fast immer auch Hand in Hand mit der Umstellung der Währung. Nur einige wenige Währungen, das britische Pfund zum Beispiel, haben zumindest ihren Namen über Jahrhunderte nicht verändert. Wobei auch das Pfund vor einigen Jahrzehnten eine drastische Änderung hin zum metrischen System auf sich nehmen musste. Noch bis 1971 (genauer gesagt bis zum 15. Februar 1971, genannt „Decimal Day") bestand ein Pfund nämlich aus 20 Shilling, die jeweils wieder 12 Pennys wert waren. Ein Pfund waren also 240

Pennys oder 480 Halfpence, wenn man es gerne mit der Rechnerei übertreiben möchte.

Doch zurück zu Österreich. Die letzte Währungsumstellung ist hier ja nicht gerade lange her. Seit 2002 müssen sich die Österreicher mit dem Euro quälen. Quälen deswegen, weil der Umrechnungskurs von 13,7603 für den mehrheitlich mindermathematikbegabten Teil der Bevölkerung nicht gerade leicht zu bewältigen war. Inflationsbereinigt liegt der Wert des Euros heute allerdings bei eher zehn ehemaligen Schilling, weshalb es Nostalgiker und notorische Preisvergleicher aktuell recht leicht haben herauszufinden, um wie viel diverse Waren denn nun tatsächlich teurer geworden sind. Dieses Buch etwa würde also aktuell nicht 273.83 öS kosten wie nach dem ursprünglichen Wechselkurs, sondern etwa 199 österreichische Schilling, und das ist ja wohl durchaus angemessen für den Wert an unfassbar wertvollem Wissen, das ich hier vermittle. Ähm. Genau.

Aber egal. Die Österreicher haben es jedenfalls verstanden, den Euro – rein optisch – eindrucksvoll zu ihrem eigenen zu machen. So zeigt jede der Rückseiten der Austroeuros ein anderes Motiv, oft von früheren Münzen oder Banknoten entlehnt. Diesen Luxus leisten sich nicht viele Euroländer, neben Österreich aktuell nur Italien, San Marino (ja, die haben auch Euros), Slowenien und Griechenland (ja, die haben noch Euros). Die meisten Länder haben ein Motiv für die kleineren kupferfarbigen Münzen, ein anderes für die größeren goldigen – und eventuell noch andere für die beiden großen Bimetallmünzen. Besonders ideenlose Länder verwenden sogar für alle Münzen die gleiche Rückseite. Vor allem Monarchien, aber auch etwa Irland, Litauen oder Estland. Letzteres zeigt einfach die Darstellung der Landesform beziehungsweise Landesgrenzen. Vermutlich um den anderen Europäern beizubringen, wie Estland eigentlich aussieht. Aber abgesehen von acht unterschiedlichen Rückseiten könnten sich die Österreicher auch darüber freuen, dass alle Euroscheine österreichischen Ursprungs sind, wenn sie es denn wüssten. Denn aus einem internationalen Bewerb ging vor der Einführung der Scheine ein österreichischer Notenbankdesigner mit seinem Entwurf von historisch anmutenden, tatsächlich aber fiktiven Brücken und Toren als Sieger hervor. Die Idee der *offenen* Türen und durch Brücken *verbundenen* Länder mag seitdem im Inneren einigermaßen zutreffen, die aktuelle europäische Außenpolitik spricht dieser Symbolik allerdings eher Hohn.

Übrigens schreibt man den Euro in allen beteiligten Ländern zwar gleich, einmal abgesehen von der griechischen Transkription, es gibt jedoch eine Vielzahl von unterschiedlichen Aussprachen der gemeinsamen Währung. Während man auf Deutsch [ˈɔɣʁo] sagt, sagt man auf Englisch [ˈjuːɹəʊ] (Juroh), auf Finnisch und Italienisch [ˈɛuro] (Ej-uro), auf Französisch [øˈʁo] (Ö-Roh), auf Griechisch [ɛvˈro] (Evroh), auf Niederländisch [ˈøro] (Öro), auf Spanisch und Est-

nisch [‚euɾo] (E-Uro). Besonders in Griechenland sollte man sich an die Landessprache halten, denn schon vor der Einführung führte die lautliche Ähnlichkeit der Währung, vor allem in ihrer Englischen Aussprache, zu Griechisch „ούρο" (Uhro) für Heiterkeit. Denn das bedeutet „Urin".

ALPENDOLLAR-ÄRA

Vor dem Euro war in Österreich der Schilling das gängige Zahlungsmittel. Eng an die harte Deutsche Mark gefesselt und auch Alpendollar, Öschi, Schlei oder Schü genannt. Abgekürzt wurde der Schilling mit den Buchstaben öS oder AS. Wobei AS rückblickend besonders für internetaffine Zeitgenossen etwas verwirrend sein könnte. Denn Österreich hat als (Internet-)Länderkürzel die Buchstaben AT, während das notorisch mit Österreich verwechselte Australien die Buchstaben AS verwendet. Jedenfalls bestand ein Schilling aus 100 Groschen, und das war auch schon in der Ersten Republik so. Da Österreich zwischen 1938 und 1945 allerdings von der Landkarte verschwand, tauschte man – wie einige seiner Symbole (→ siehe Makrokapitel *Wappen*) – natürlich auch die Währung in dem bei uns sieben Jahre dauernden „Tausendjährigen Reich".

Es wäre verlockend, hier auf alle bildhaften Darstellungen aller gängigen Schillingmünzen und Banknoten einzugehen und würde bei der Leserschaft je nach Alter wohl auch die eine oder andere nostalgische Erinnerung hervorrufen …

aber wohl auch den Rahmen sprengen und nur zu einer langen Liste und einem Wust an Daten und Namen führen. (Vielleicht wäre das etwas für ein weiteres Sammelsurium-Buch von mir, aber eher nichts für dieses Werk.) Einige Besonderheiten lassen sich aber dennoch berichten. So gab es gegen Ende des Schillings einige Münzen und Banknoten, die es nie ganz ins Bewusstsein der Bevölkerung geschafft haben. Das begann mit der 20-Schilling-Münze, die ursprünglich hauptsächlich eingeführt wurde, um mit der Preisentwicklung bei Zigaretten- und anderen Automaten Schritt zu halten.

Einschub: Während die Zigarettenpreise, deutlich an den Automaten ablesbar, konstant stiegen, stagnierten die Kondompreise in den Olla-Automaten jahrzehntelang – um sich quasi über Nacht zu verdoppeln und zu verdreifachen, als Aids in Österreich öffentlich Thema wurde. Ein kleines Lehrstück in der realen Wirkungsweise von Angebot und Nachfrage am freien Markt …

Jedenfalls waren die 20-Schilling-Münzen nur sehr selten in freier Wildbahn zu sehen, wohl nicht nur weil sie aufgrund unterschiedlich gestalteter Rückseiten (insgesamt 18 Motive!) oft in Sammleralben wanderten. Es war eher so, dass die Münze neben dem noch bestehenden Papierzwanziger von der Bevölkerung nie so recht angenommen wurde – der aber wiederum immer öfter von einer neuen Generation von Automaten. Noch schlimmer traf es die ganz zuletzt eingeführte 50-Schilling-Kursmünze in gelb-weißer Bimetall-Ausführung (nicht zu verwechseln mit den 50-Schilling-Silbermünzen), die in der Öffentlichkeit praktisch überhaupt nicht wahrgenommen wurde. Allerdings gab es von den 50ern auch nicht so viele, wurden sie doch von der Nationalbank vornehmlich als Test für die späteren Euromünzen geprägt.

Auch eher selten befand sich im Börserl der Bevölkerung der zuletzt ausgegebene höchste Wert österreichischer Nachkriegsbanknoten, der Fünftausender. Ein damals atemberaubend hoher Betrag, eine geradezu Ehrfurcht erweckende Banknote, die in den Händen zu halten ein Gefühl auslöste, das man nicht mit dem eines eigentlich wertvolleren 500-Euro-Scheins vergleichen kann. Auf dem 5.000er war Mozart zu sehen, und zwar mit demselben Porträt, das sich heute auf der Rückseite der österreichischen 1-Euro-Münze befindet.

Der nächstniedrigere Wert, öS 1.000, wird den meisten noch durch das Porträt von Erwin Schrödinger in Erinnerung geblieben sein. Ein österreichischer Nobelpreisträger für Physik, den zuvor so gut wie niemand kannte, der mittlerweile aber durch die zahlreiche Verwendung der nach ihm benannten – gleichzeitig toten und lebendigen – Katze in zahlreichen Witzen und Witzzeichnungen dauerhafte Bekanntheit erlangt hat. Was kaum noch jemand im Gedächtnis haben dürfte: Herr Schrödinger wurde tatsächlich noch gegen Ende der Schillingzeit entthront: Ab 1997 war auf einem blitzblauen Schein nämlich ein gewisser Herr Karl Landsteiner in Umlauf. Auch den letzten 500er schmückte nicht, wie wohl die meisten glauben würden, der Jugendstilarchitekt Otto Wagner, sondern die Frauenrechtlerin Rosa Mayreder.

Insgesamt gab es in der Zweiten Republik 32 verschiedene Banknoten, die in der Farbgebung eine gewisse Konstante aufwiesen: gatschbraun-beige die Zwanziger, flieder-lila-violett die Fünfziger, grünlich die Hunderter, rötlich die Fünfhunderter und bläulich die Tausender. Und der singuläre Mozart-Fünftausender ging in Richtung gelb.

Dieses Farbspektrum setzte sich ab etwa 1950 durch. Davor, in der Zeit der Übergangsnoten ab 1945, war die Farbgebung noch anders, außerdem gab es auch noch Fünf- und Zehn-Schilling-Banknoten. Letztere sogar noch eine ganze Weile: Der letzte papierene Zehner wurde erst 1956 aus dem Verkehr gezogen.

Ein amüsantes Quiz (also für den Fragesteller amüsant), das ich bereits während der Zeit der Schillingmünzen gerne mit anderen gespielt habe, möchte ich nun auch mit Ihnen, geneigter Leser, geneigte Leserin, durchführen. Sollten Sie zwischen 20 und 30 Jahre alt sein, müssten Sie ja eigentlich ausreichend lebhafte Erinnerung an die Schillingmünzen besitzen. Über 30- und unter 70-Jährige haben sogar den Großteil ihres Lebens mit diesen Metallstücken, insbesondere ihren Varianten ab 1959, verbracht. Und obwohl diese Münzen fast täglich durch unsere Hände gingen, gab und gibt es erstaunlich viele Menschen, die keine Ahnung hatten und haben, welche Motive denn eigentlich auf den Vorder- und Rückseiten der Münzen zu finden sind.

Der Fairness halber lassen wir die relativ früh aufgegebenen Werte, 1, 2 und 5 Groschen (hinten war jeweils der Bundesadler zu sehen), einmal aus. Auch auf dem „Zehnerl" war nur recht unspektakulär ein weiterer Adler. Aber wetten, dass Sie die Motive der anderen, gängigeren Münzen auch nicht zu 100 Prozent im Kopf haben und vermutlich auch nie hatten? Dazu ein kleiner Test:

1. *Was war auf der Rückseite der 50-Groschen-Münze zu sehen?*
2. *Was war auf der Rückseite der 1-Schilling-Münze?*
3. *Was war auf der Rückseite der 5-Schilling-Münze?*
4. *Was war auf der Vorder- und Rückseite der 10-Schilling-Münze?*
5. *Und auf welcher Münze wuchs ein Enzian?*

Lassen Sie sich Zeit, machen Sie sich Notizen, bevor Sie sich der Antwort auf Seite 233 zuwenden. Wer sich nun beschwert, das sei doch alles schon so lange, ja, über 10 Jahre her – zum Gegencheck gerne ein paar Fragen zum aktuellen Geld (also zu den österreichischen Euros), die doch eigentlich jeder beantworten können müsste, oder? Nach 12 Jahren Gebrauch? Also dann:

1. *Welche drei Blumen befinden sich auf den 1-, 2- und 5-Cent-Münzen?*
2. *Welche Bauwerke sind, angeschnitten, auf den 10-, 20- und 50-Cent-Münzen zu sehen?*

Nachschauen im Börserl gilt nicht, Auflösung auf Seite 233 (Übrigens, sollten Sie überhaupt gewusst haben, dass die niederen Cent-Münzen Blumen und die höheren Cent-Münzen Gebäude zeigen, spielen Sie bereits in der oberen Liga.)

Auffällig am Geld der Zweiten Republik ist, dass der Frauenanteil der dargestellten Personen recht hoch war. Vor allem anfangs. Schon auf den Banknoten vor 1950, die keine bekannten Persönlichkeiten, sondern nur Köpfe von No-Names zeigten, waren bis auf einen Mann und ein Kind (das aber vermutlich ebenfalls weiblich) war, ausschließlich Frauen zu sehen – durchaus logisch für die Nachkriegs- und Wiederaufbauzeit.

Ab 1950 wurden auf der Vorderseite dann prominente Köpfe montiert, womit sich die Hegemonie des Patriarchats rasch wieder einflussreichen Boden verschaffte. In den Serien von 1950 und 1956 waren keine „großen Töchter" zu finden. Erst die Serie von 1966 platzierte wieder Frauen auf den Scheinen, und das an ausgesprochen prominenter Stelle: Eine der gebräuchlichsten Noten, Wert öS 100, zeigte die Malerin Angelika Kauffmann. Und der damals höchste Wert von 1.000 Schilling fiel der Schriftstellerin, Kämpferin und ersten Trägerin (männlich oder weiblich) des Friedensnobelpreises zu: Bertha von Suttner. Die Serie von 1983 brachte allerdings wieder einen deutlichen Rückschritt (man könnte auch sagen neoliberal-konservativen

Backlash): Keine einzige Frau war auf den Geldscheinen abgebildet. Das wurde 1997 mit dem Mayreder-Fünfhunderter zwar wieder etwas ausgeglichen, aber den hat bekanntlich (siehe oben) so gut wie niemand mehr mitbekommen. Immerhin hat sich auf den heimischen Zahlungsmitteln heute endgültig eine 50 zu 50 Quote durchgesetzt. Neben Herrn Mozart auf der 1-Euro-Münze findet sich Bertha von Suttner mit demselben Motiv wie schon auf dem Schilling-Tausender jetzt auf der 2-Euro-Münze. Auch wenn sie die meisten, wie schon zu papierenen Zeiten, für Maria-Theresia halten.

GEHEIMSCHILLINGE

Während der Nazi-Herrschaft galt auch in Österreich die Reichsmark. Um genau zu sein, bereits fünf Tage nach dem Anschluss. Der Umtauschkurs wurde mit öS 1,5 für eine Reichsmark festgelegt – und außerdem wurde gleich das ganze Gold aus der Nationalbank nach Deutschland abtransportiert. Allerdings verschwand der Schilling nicht ganz spurlos: Ein Entwurf für die 100-Schilling-Note von 1936 wurde von Deutschland aufgegriffen und fast unverändert für die 20-Reichsmark-Banknote verwendet.

Über den Schilling vor der NS-Diktatur lässt sich berichten, dass ihm die Machtverhältnisse der Zwischenkriegszeit schon deutlich auf die Münzseiten geprägt waren. So zeigten die Schillinge und Groschen ab 1924/1925 eher republikanische Motive wie den (einzelnen) Kopf des Bundesadlers, das Parlamentsgebäude oder bereits das Kruckenkreuz. Eine Besonderheit der Zeit stellte übrigens die 50-Groschen-Münze dar, die mit der Aufschrift „Halbschilling" geprägt wurde. Nach der Umwandlung der Republik in den Ständestaat wurden 1934 auch neue Münzen ausgegeben. Von nun an dominierte wieder der Doppeladler (Makrokapitel → *Wappen*), das Parlament verschwand, dafür war auf der Fünf-Schilling-Münze die Muttergottes (von Mariazell) zu sehen.

KAISERLICH-KÖNIGLICH-REPUBLIKANISCHE KRONEN

Zu Beginn der Ersten Republik bis 1925 war die Währung aus logistischen Gründen schlicht noch die der Monarchie und hier galt ab 1892 die Krone. 100 Heller (in Ungarn Filler) waren eine Krone (in der ungarischen Reichshälfte Korona). Diese Währung war übrigens bis 1924 auch das offizielle Zahlungsmittel von Liechtenstein. Eine Krone entsprach wertmäßig ungefähr der damaligen Mark. Die Krone ist auch Namensgeberin der bis heute erscheinenden „Kronen Zeitung". Der Name hat nämlich, wie man vermuten könnte, keinen monarchistischen Background, sondern bezieht sich auf den damaligen Preis der Zeitung, der bei einer Krone für ein Monatsabo lag.

Münzen gab es von einem Heller bis zu fünf Kronen. Geldscheine von einer bis zu … 1.000.000 Kronen. Letztere aber erst in der Zeit der Hyperinflation der Ersten Republik. Nach

dem Ende der Monarchie wurde übrigens auch in den anderen ehemaligen Teilen des Reichs noch eine Weile mit Kronen gezahlt – jedoch mit einem Stempel der jeweils neuen nationalen Banken versehen. Auch Österreich stempelte dann notgedrungen seine Kronen (in einer Zeit, in der sowieso viele Leute stempeln gingen, ähm).

Für einschlägig Interessierte hier noch ein Detail: Die Krone war eine Goldstandardwährung und löste als solche den Gulden ab, der eine Silberstandardwährung war.

GULDEN AUS ITALIEN

Vor der Krone war der Gulden ab 1858 die offizielle Währung der Donaumonarchie. Die Abkürzung für den Gulden lautete dabei irritierenderweise F, Frt, oder Fl. Bei näherer Betrachtung löst sich dieses Rätsel allerdings rasch auf: Der Name Gulden verweist nämlich sprachlich naheliegend auf das Wort Gold, ist also „der Goldene". Und das bezieht sich münztechnisch auf die früher sehr bekannte und begehrte Goldmünze Floren (lat. Florenus, ital. Fiorino d'oro, franz. Florin), die, nomen est omen, in Florenz geprägt wurde. Voilà: Fl.

Der Gulden unterteilte sich Kreuzer, genauer gesagt in 100 Neukreuzer. Nach dem „Ausgleich" 1867 prägte Ungarn ab 1868 eigene Guldenmünzen mit der Bezeichnung Forint, der ungarische Name für den Florentiner. Münzen gab es zwischen 0,5 Kreuzer (beschriftet mit der Bruchzahl 5/10) und zwei (hier so bezeichneten) Florin. Banknoten zwischen einem und 1.000 Gulden.

Den komplizierten politischen Verhältnissen entsprechend waren die Banknoten vorne mit dem Wappen des Kaisertums Österreich und in Deutsch, Tschechisch, Polnisch, Ruthenisch, Italienisch, Slowenisch, Kroatisch, Serbisch und Rumänisch beschriftet. Die Rückseite zeigte das Wappen des Königreichs Ungarn und war in Ungarisch gehalten.

Übrigens, falls es Ihnen wie mir geht und Sie in Berichten über die Kaiserzeit schon öfter über die „Ruthenen" gestolpert sind, dann aber vergessen haben, gleich nachzuschlagen oder zu googeln – hier werden Sie geholfen: In der Monarchie verstand man unter den Ruthenen die Bewohner des österreichischen Teils der Ukraine, besser bekannt als Galizien. Und dort lebten neben Ukrainern auch andere Ostslawen wie Russinen (nicht Russinnen!) Lemken, Bojken und Huzulen. Doch nun zurück zum Gulden.

Der Gulden, obzwar „Gold" im Namen tragend, war eine Silberwährung. Dennoch gab es auch staatliche Goldmünzen, die allerdings nicht als normales Kursgeld gehandelt wurden. Sie trugen die Werte vier Florin (die auch als zehn Franken beschriftet waren) und acht Florin (mit 20 Franken beschriftet). Der Grund für die verwirrende Doppelbenennung mit einer Währung, die im Land gar nicht verwendet wurde, war, dass es eine internationale Vereinbarung, eine sogenannte Münzunion mit Frankreich, Belgien, Italien und der Schweiz gab, die den internationalen Handel vereinfachen sollte.

Demselben Zweck dienten die silbernen Vereinstaler (mit den Werten eins und zwei), die zwar an verschiedenen Orten unter verschiedenen Namen geprägt wurden, die aber den jeweils anderen silbernen Vereinstalern Europas entsprachen. Diese Vereinswährungen waren der damals bitter notwendige Versuch, den Handel und die Konversion hunderter Münzen und Währungen dutzender Staaten, Länder und Fürstentümer Europas zu vereinfachen. Eine Art Proto-Euro eigentlich, oder besser ein Esperanto in Münzform: Jedes Land wusste, was die Vereinsfranken und -taler in eigener Währung wert waren und gebrauchte sie auch so.

Für den internationalen Handel konnte man aber auf den verbindlichen und vereinheitlichten Wert der Münzen zurückgreifen.

Zu den Florins kamen noch Golddukaten (einfach und vierfach), die sich auf noch älteres Geld bezogen. Diese Dukaten waren aber keine offizielle Währung, sie waren eher als Geldanlage gedacht. Eine Funktion, die auch Goldflorins und spätere Goldkronen über die jeweilige Zeit der Namensgleichheit zur aktuellen Währung beibehielten, weshalb alle diese Sorten auch immer wieder bunt durch die jüngere Geschichte nachgeprägt wurden. Dabei wurden sie mit einem fiktiven historischen Prägejahr belegt und hatten über ihren jeweils (beachtlichen) Goldwert hinaus weder monetäre noch politische Bedeutung.

Das fiktive Prägejahr der von der „Münze Österreich" zum Teil noch ausgegebenen Florins etwa lautet 1892, das der Kronen 1912 oder 1915 und das der Dukaten ebenfalls 1915. Aber weil's bekanntlich nix gibt, was es nicht gibt, existieren selten auch Fehlprägungen. 1951 zum Beispiel, aufgrund eines unaufmerksamen (offenbar legasthenischen) Stempelschneiders. Nach einer Auskunft der „Münze Österreich" wurden etwas unter 250 Stück davon geprägt – und zwar im Jahr 1919. Was den Münzen mit dem Kopf des Kaisers ein geradezu Science-Fiction-artiges Aussehen verliehen haben muss. Daher werden sie heute auch als Sammelobjekte um ein Vielfaches des Goldwerts gehandelt.

Der Gulden stellte außerdem 1857 den Umstieg der österreichischen Währung auf das Dezimalsystem dar – 114 Jahre vor Großbritannien. Davor herrschte in weiten Teilen Europas (immer wieder und in Variationen) das sogenannte Karolingische Münzsystem, das von oder besser unter Kaiser Karl dem Großen knapp vor dem Jahr 800 eingeführt worden war. Grundlage des Systems beziehungsweise der Währung war Silber und die große Einheit Pfund. Und das Wort Pfund war durchaus wörtlich zu verstehen. Denn dem Geldwert lag das Gewichtsmaß des karolingischen Pfunds (etwa 406 ½ Gramm) zugrunde. Und aus einem Pfund Silber wurden dann 240 Kleinmünzen, Denarii, im deutschen Sprachraum aber meist Pfennige genannt, geschlagen. Die nächstgrößere Maßeinheit war der Solidus (Schilling). Zwölf Pfennige waren einen Schilling wert, der dann auch das Gewicht von zwölf Pfennigen hatte. 20 Schillinge wiederum ergaben ein Pfund (siehe Großbritannien), das allerdings nicht als Münze oder Barren existierte, sondern nur rechnerisch verwendet wurde.

Übrigens war das Pfund in Österreich, besonders um Wien herum, eine Weile auch als Flächenmaß (!) verbreitet. So wurde ein Pfund Weingarten definiert als 80 Wiener Quadratklafter (1 = 3,597 Quadratmeter), also etwa 287 Quadratmeter. Zehn Pfund, also 800 Quadratklafter, entsprachen dabei einem halben „niederösterreichischen Joch".

Das noch heute übliche £-Zeichen stammt vom lateinischen

Wort *libra* für Pfund (im Sinne von Gewicht) ab. Da der Name seit 1200 ohne Unterbrechung für die britische Währung verwendet wird, gilt sie, trotz späterer Unterteilungen, als die älteste noch aktuelle Währung der Welt.

Die Einheit aus Gewicht und Münzwert blieb im britischen Empire lange erhalten. Auch andere Münzwerte dazwischen wurden in das Gewichtsschema eingepasst, und zwar der Farthing (Viertelpenny), Half Penny, Penny, Twopence (nur in einem Jahr geprägt, als „Tuppence" aber für zwei Pennys noch lange in Gebrauch und manchem vielleicht von dem Lied „Feed the Birds" aus dem Film „Mary Poppins" bekannt), Three Pence, Six Pence, Shilling, Two Shilling (oder Florin[sic!]), Half Crown (= 30 Pence oder 2,5 Shilling), Crown (= 60 Pence oder 5 Shilling). Ein Pfund konnte somit in allen möglichen Varianten, in „960 Farthings" zum Beispiel, ausgedrückt werden. Kein Wunder, dass die Engländer bis heute als etwas liebenswert-seltsam gelten. Ein stolzer Engländer hat mir sogar einmal erzählt, dass die Pennys und Shillings aneinandergereiht auch als Längenmaß benutzt werden konnten, da die Durchmesser analog zum Wert anstiegen. Bisher gelang es mir allerdings nicht, diese Behauptung zu verifizieren.

Ich jedenfalls lobe mir das Dezimalsystem, das monetär ironischerweise zuallererst in den USA eingeführt wurde. Ironischerweise deswegen, weil die USA – neben Liberia und Myanmar – weltweit das einzige Land ist, das abgesehen von der Währung in allen wesentlichen Maßeinheiten (Gewicht, Länge, Fläche, Volumen) auf antiquierte und schwer umzurechnende Einheiten (Foot, Feet, Yard, Mile, Gallon, Ounce, Stone …) besteht. Unter anderem zerschellte einmal eine millionenteure Marssonde, ein ESA/NASA Joint Venture, gerade am Ziel angekommen, wegen eines Umrechenfehlers auf dem Roten Planeten.

Aber egal. 1792 waren die USA jedenfalls fortschrittlicher als 2014 und errichteten ein dezimales, mehrstufiges Geldsystem bestehend aus: ein Dollar = zehn Dimes = 100 Cents = 1.000 Mills. Die kleineren Einheiten sind wie unsere Dezimeter, Zentimeter und Millimeter von den lateinischen Worten für zehn, 100 und 1.000 abgeleitet. Im Lauf der Zeit reduzierte sich das System aus praktischen Gründen auf ein Dollar = 100 Cents, eine Einteilung, die sich mittlerweile weltweit durchgesetzt hat und auch in unseren Euro-Cents findet.

Übrigens schlug auch in England eine Kommission (die dritte zum Thema Dezimalisierung) schon 1853 ein ähnliches System vor. Ein £ sollten zehn Florins, die 100 Cents und die wiederum 1.000 Mils ergeben. Durchgesetzt hat sich die Idee, siehe oben, allerdings erst ein wenig später.

Einschub: Einige Länder, vorwiegend im arabischen Raum, verwenden noch heute ein dreiteiliges System (Ägypten, Libyen, Sudan: Pfund/Piaster/Millims) beziehungsweise teilen ihre Währung in 1.000 der kleineren Recheneinheit (Bahrein, Jordanien, Irak, Kuweit: ein Dinar = 1.000 Fils; Oman: ein Rial = 1.000 Baisa).

Witzig in diesem Zusammenhang ist auch, wie viele der alten Münznamen sich in diversen etymologischen Wandlungen durch alle denkbaren europäischen und auch außereuropäischen Währungen zogen und ziehen: So stammte die italienische Lira namentlich vom Pfund (*Libra*) ab, der französisch Sous vom *Solidus*, der vor allem am Balkan viel gebrauchte Dinar vom *Denarius* etc.

Doch zurück nach Österreich. Hier galt vor dem Gulden der Taler, der nicht ganz karolingisch, aber auch nicht ganz dezimal unterteilt wurde, quasi ein Hybrid als letzte Bastion vor der dezimalen Revolution. Genauer gesagt sah das Münzsystem folgendermaßen aus: ein Taler = zwei (alte) Gulden = 100 Kreuzer = 400 Pfennig = 800 Heller.

Obwohl aus heutiger Sicht noch immer recht unübersichtlich war der Taler-Münzfuß durchaus eine Verbesserung zu den verschiedenen zuvor geltenden Währungssystemen.

Und hier gelangt auch der numismatisch nicht wirklich so ganz beschlagene Autor an seine Grenzen. Denn offenbar herrschte in den Jahrhunderten der Habsburger- wie zuvor während der Babenbergerzeit ein großes monetäres Durcheinander, je nachdem wer wann wo wie lange über wen herrschte, mit wem verbündet war oder eben nicht. Außerdem schwankte offenbar auch der Wert innerhalb einer Währung. So stieg der Wert eines Talers am Anfang des 18. Jahrhunderts von 120 Kreuzern auf 133 1/3 Kreuzer (?). Ein markanter Ein-

schnitt nach diesem mathematisch dunklen Zeitalter war jedenfalls offenbar das Jahr 1748, als in den Habsburger Erblanden der „Reichsspeziestaler" als neuer Münzfuß eingeführt wurde, der sich folgendermaßen unterteilte: zehn Speziestaler = 13 ⅓ Reichstaler = 20 Gulden ... Wie gesagt, wir lassen das lieber. Ein paar blitzlichtartige Blicke in die Geldvergangenheit Österreichs lohnen allerdings noch.

DER MIT DEM VOGEL

Etwa auf den Maria-Theresien-Taler. Der Maria-Theresien-Taler wurde erstmals 1741 geprägt und hat seitdem eine Erfolgsgeschichte hingelegt, die seinesgleichen sucht. Nicht nur wird er bis heute, wenn auch nur mehr als Sammlermünze, geprägt, als eine der ersten Münzen der Welt erreichte er auch so etwas wie Weltwährungsstatus – noch lange vor dem amerikanischen Dollar. Besonders in Teilen Afrikas und Asiens (etwa in Indien) wurde der Maria-Theresien-Taler als anerkanntes Zahlungsmittel bis weit ins 20. Jahrhundert hinein verwendet. Im arabischen Raum trug er Bezeichnungen wie *Abu Kush* oder *Abu Noukte* (Vater des Vogels / der mit dem Vogel oder Vater der Perle / der mit der Perle), die sich auf Details des Münzbildes bezogen. Im Jemen und in Mosambik wurde er sogar als offizielle Landeswährung verwendet, man versah ihn einfach mit einer zusätzlichen Prägung.
Auch in den Werken von Karl May findet diese Tatsache Erwähnung. So entlohnte Kara Ben Nemsi seinen getreuen

Wegbegleiter Hadschi Halef Omar Ben Hadschi Abul Abbas Ibn Hadschi Dawuhd al Gossarah alle zwei Wochen mit drei Maria-Theresien-Taler. Ein anderer Diener, Kamil Ben Sufakah, bekam von Kara Ben Nemsi wöchentlich einen Taler. Bis heute wurden etwa 390 Millionen Maria-Theresien-Taler geprägt. Dazu kamen noch viele andere Münzen aus verschiedenen italienischen Ländern oder auch Preußen, die den Taler in Gewichtsgröße und Gestalt nachahmten. Auch England prägte Maria-Theresien-Taler, vor allem ab 1935, um damit Kolonialpolitik in (ost-)afrikanischen Staaten zu betreiben. Weil sich der Transport von großen Mengen Silbermünzen aus England aber als ausgesprochen schwierig erwies, prägten die Briten Anfang der 40er-Jahre einfach 19 Millionen Stück in Indien (Bombay).

Seinen Aufschwung verdankte der Maria-Theresien-Taler vor allem seinem hohen und sehr beständigen Silbergehalt (Feingehalt 833 1/3), der ihn von vielen anderen Silbermünzen unterschied und ihm ein besonders schönes und beständiges Aussehen verlieh. Oder wie Karl Karmarsch 1877 in einer kritisch-historischen Abhandlung über das europäische Münzwesen in „Dinglers Polytechnischem Journal" formulierte: Er vereinigt „geringste Abnutzbarkeit mit einer genügenden Schönheit der Farbe und thunlichster Kupferersparung".

Außerdem hatte der Maria-Theresien-Taler eine Besonderheit, die ihn zu einer äußerst verlässlichen Münze machte. Über Jahrhunderte war es nämlich üblich gewesen, Gold und Silbermünzen zu „beschneiden", also abzufeilen. Dabei rieben die Besitzer der Münze oft ein wenig vom Rand ab, optisch und (zunächst) auch vom Gewicht her schwer feststellbar, und gelangten im Lauf der Zeit zu einer beachtlichen Menge Gold- oder Silberstaub, den man bequem einschmelzen und als Rohmaterial verkaufen konnte. Allmählich führten diese illegalen Entnahmen natürlich zu einer deutlichen Reduzierung des Metalls und damit des Wertes. Münzhändler und andere Kaufleute der frühen Neuzeit benutzten daher eigene, besonders genaue Münzwaagen, die aus einem Set von Gegengewichten bestanden, jeweils auf die verschiedenen im Umlauf befindlichen Gold und Silbermünzen geeicht. Bei Transaktionen, in sozusagen Millionenhöhe, erwies sich das freilich als mühsam, da jede Münze einzelnen abgewogen werden musste, wollte man über den tatsächlichen Wert der Bezahlung Sicherheit erlangen. Der Maria-Theresien-Taler führte nun aber als Sicherheitsmerkmal einen geprägten Rand mit Randschrift ein, der es schwer machte, etwas davon abzureiben, ohne dass man es auf den ersten Blick bemerkt hätte.

Im Buch „Geschichte des Maria-Theresien-Thalers" von Carl Peez und Josef Raudnitz (1898) heißt es dazu: „Die Conventions-Thaler unterlagen, bei voller Berücksichtigung der Forderung nach schöner Farbe, weniger der Abnützung als die etwas besser legirten spanischen Säulen-Thaler. Da sie Randschrift besitzen, kann man sie nicht so leicht beschneiden oder abfeilen als die Colonnaten oder die holländischen Löwen-Thaler."

In mehreren Ländern Afrikas wurde unser Maria-Theresien-

Taler daher nicht nur zur Grundlage für das Geldsystem, er wurde sogar für das Gewichtssystem genutzt! Der früheste Bericht darüber stammt aus dem Buch „Reise in Abyssinien" von Eduard Rüppell (1838): „In Massaua [Anm.: Massawa, Eritrea] wird das Gewicht durch Rotel bestimmt, welche das Gewicht von 16 österreichischen Species-Thalern haben." Ähnliche Berichte gibt es aus Somalia und vielen anderen Gebieten in Ostafrika. In Abessinien benutzte man die Maria-Theresien-Taler außerdem nicht nur als eigene Währung, den „Talari", man stellte sogar die anderen „Münzen" aus ihnen her: Dazu wurden die Taler in zwei beziehungsweise vier Stücke zerschnitten, um kleinere Rechnungseinheiten zu erhalten.

EIN JOACHIMSTALER GEHT UM DIE WELT

Das zweite Schlaglicht trifft den Taler beziehungsweise den Begriff Taler selbst. Hier in aller Kürze seine Geschichte: Das Wort Taler stammt von einer in Österreich (im Joachims*thal*) geprägten Münze, die zu ihrer Zeit ähnlich erfolgreich war wie später die von Maria-Theresia. Damit verdanken auch alle Münz- und Währungsnamen, die den Begriff Taler enthalten, ihre Bezeichnung eigentlich Österreich (*sich selbst patriotisch auf die Schulter klopf*). Und natürlich auch alle weiteren namentlichen Ableitungen wie – Trommelwirbel – der US-*Dollar* und alle anderen Dollars dieser Welt.

Und auch der Disney-Comic-Welt. Denn die Ducks bezahlen ja bekanntlich in Talern (und Kreuzern). Ein genialer Schachzug der genialen Duck-Übersetzerin Erika Fuchs, denn im Original wird in Duckburg (Entenhausen) schlicht mit Dollars bezahlt und auf Onkel Dagoberts Geldspeicher prangt ein riesiges Dollarzeichen. Bei uns wird das Dollarzeichen auf den Scheinen optisch entweder durch ein großes T ersetzt oder ganz wegretuschiert. In unserem Zusammenhang ist beides gleich: Die Ducks zahlen in jedem Fall mit den Nachkommen einer österreichischen Währung.

Wie es aber genau dazu kam, lass ich die Herren Peetz und Raudnitz erzählen, denn besser könnte ich das kaum formulieren: „[Österreich schrieb erstmals Münzgeschichte] als Erzherzog Sigismund, Landesherr von Tirol, im letzten Viertel des 15. Jahrhunderts als höhere Einheit für die zahllosen, damals ausschliesslich coursirenden, kleineren Silbermünzen den Thalertypus erfand. Seit 1484 liess dieser sonst wenig bekannte, habsburgische Prinz aus den reichen Erträgen der Tiroler Bergwerke ‚Guldenbatzen‘ schlagen, welche seit den ältesten Tagen der Münzprägung die erste Silbermünze von grösserem Gewichte darstellen, die, abgesehen von gelegentlich geprägten und nur Schauzwecken dienenden Medaillons, dem allgemeinen Verkehre übergeben wurde. Bald zeigte sich, wie tief diese Neuerung in das Verkehrsleben Europas eingriff, denn von allen Nachbarländern wurden die Guldenbatzen nachgeahmt, und erhielten, wie es ja unvermeidlich ist, verschiedene Namen. In der Münzstätte des Grafen Schlick zu Thal (Joachimsthal) in Böhmen wurden sie in grösseren Mengen geschlagen; die dortselbst

geprägten Stücke wurden ‚Joachimsthaler' bzw. ‚Thaler'
genannt. Unter diesem Namen hat sich die neue Münzsorte
Bürgerrecht in der ganzen Welt erworben. In allen Ländern
des europäischen Culturkreises wurden thalerförmige Münzen geprägt, um die unendlichen Edelmetallschätze der neu
entdeckten Erdtheile dem allgemeinen Umlaufe zuzuführen.
Es war ein merkwürdiges Zusammentreffen, dass Erzherzog
Sigismund gerade zur Epoche dieser Entdeckungen die thalerförmigen Münzen erfunden hat, und man darf wohl
annehmen, dass, wenn die Thalerform nicht durch ihn
bereits vor Entdeckung der Neuen Welt eingeführt worden
wäre, sie nach Erschliessung der gewaltigen Edelmetallschätze Mexikos und Perus ein unabweisliches Bedürfnis
für die grossen Märkte Europas gewesen wäre. Auch ist es
bestimmt, dass erst durch die allgemeine Einführung der
Thalerform und die damit verbundene Massenausprägung
die Edelmetallschätze der Neuen Welt in die Lage versetzt
wurden, die europäischen Märkte so zu befruchten und den
Uebergang von mittelalterlicher zu moderner Volkswirthschaft zu vermitteln, wie dies thatsächlich geschehen ist."
Um das Porträt des Fürsten Sigismund steht als Umschrift:
„*•SIGISMVNDVS:*: ARCHIDVX• AVSTRIE•" Auf der
anderen Seite finden sich neben einem Ritter bereits die
meisten der heute noch üblichen Wappen der österreichischen (Bundes-)Länder.
Der eigentliche „Joachimsthaler" wurde übrigens nur neun
Jahre lang zwischen 1519 und 1528 geprägt, in dieser Zeit
aber immerhin über 2 Millionen Mal. Was offenbar aus-

reiche, um die oben beschriebenen Effekte zu haben. Der Urtaler zeigt auf der einen Seite den Heiligen Joachim und davor das Wappen des Grafen von Schlick. Auf der anderen Seite sieht man einen (doppelt geschwänzten und gekrönten) Löwen. Einen böhmischen Löwen. Und ja, ich gebe zu, das Joachimsthal liegt in Tschechien (und heißt heute Jáchymov) ... aber damals war Böhmen eben noch bei Öst'reich ... und überhaupt hat ja Sigismund angefangen! Also gehört das Copyright auf alle Taler und Dollar uns und basta.

WAS VOM SCHILLING BLIEB

Zuletzt noch ein paar sachdienliche Hinweise. Sollten Sie noch Schilling unter der Matratze haben oder im Schrank von der Oma finden, nicht verzagen. Man kann durchaus noch etwas damit anfangen.

Denn einerseits kann man alle Schilling-Banknoten und -Münzen noch an den Kassen der Österreichischen Nationalbank umtauschen. Das heißt, wenn ihr „Präklusivtermin" noch nicht abgelaufen ist. Denn für jede Münze und für jeden Schein wurde ein letzter Tag festgelegt. Sonst müsste die OeNB heute noch Gulden wechseln. Für die zuletzt noch im Umlauf befindlichen Schilling geht sich das aber noch in fast jedem Fall aus.

Und die Chance, noch welche zu finden, ist gar nicht so gering. Auf der Website der Nationalbank gibt es einen stets aktuellen Rechner, der anzeigt, wie viele Münzen und Banknoten noch „fehlen". Also die Differenz zwischen der Menge, die gedruckt beziehungsweise geprägt wurde, und jener, die bei der Währungsumstellung zurückgegeben wurde. Manche davon gingen wohl verloren oder wurden vernichtet – etwa bei Feuer, Schiffs- oder andern Unglücken – vergessen oder absichtlich aufgehoben …

So oder so ist die Anzahl der verschollenen Schilling echt beachtlich! Derzeit fehlen (Stand Juni 2014) 25.499.601 Moritz-Daffinger-20er (den an der Einserstelle hab ich) und sagenhafte 1.220.091 Schrödinger-1.000er! Die 1,2 Millionen 1.000er ergeben allein 1 Milliarde fehlende Schilling. Und sogar vom Mozart-5.000er sind 121.364 Stück nicht heimgekehrt. Außerdem sind noch 3.677.116.008 (rund 3,7 Milliarden!) Münzen (von 2 Groschen bis 50 Schilling) im Umlauf. Insgesamt ergeben die sogenannten „ruhenden Schillingbestände" eine Gesamtsumme von 8,7 Milliarden Schilling – oder 633,3 Millionen Euro. Gut für die OeNB und den Staat,

der sich diese Summe, denn viel davon wird jetzt auch nicht mehr zurückkommen, als Körberlgeld einstecken kann.

Außerdem werden viele der Münzen und Scheine deshalb nicht retourniert – ein weiterer sachdienlicher Hinweis –, weil es ziemlich blöd wäre, das zu tun. Denn fast alle alten Schilling (Münzen wie Scheine), sofern sie in einem einigermaßen guten Zustand sind, haben mittlerweile einen höheren Sammler- als Nominalwert. Sogar der Daffinger-20er ist Notaphilen (ja, das heißt wirklich so) schon fünf Euro wert, der Freud-50er 10 Euro.

Bei plötzlichen Geldfunden lautet die Devise also: Die guten ins Töpfchen (Sammlermarkt) die schlechten ins Kröpfchen (Nationalbank).

Apropos Devise: Devisen, also ausländische ehemalige Währungen der Eurozone, wechselt die Nationalbank nicht mehr ein. Manche von ihnen, Lire, Franc und Drachmen zum Beispiel, werden auch von ihren Heimatländern nicht mehr zurückgenommen. Andere wie D-Mark und Peseten werden aber noch von den Nationalbanken und deren Zweigstellen akzeptiert oder man kann sie per „Wertbrief" (wer diese Postsorte nicht kennt, die ist ziemlich cool) an die zuständigen Zentralbanken schicken und bekommt dann den Gegenwert überwiesen.

Zu guter Letzt: Die erste Münzstätte Wiens wurde im 12. Jahrhundert errichtet. Und zwar um das Silber zu verarbeiten, das als Lösegeld für König Richard Löwenherz in Barren geliefert worden war …

SCHILLINGQUIZ, AUFLÖSUNG:

1. Das österreichische Bindenschild, einfarbig stilisiertes rot-weiß-rot in Wappenform

2. Drei Edelweiß. Falls Ihre Antwort nur „Edelweiß" oder gar „ein Edelweiß" war, kann ich das leider nicht gelten lassen.

3. Ein Lipizzaner: Das werden wohl die meisten noch in Erinnerung haben. Die richtige Antwort lautet aber eigentlich „ein Lipizzaner mit (Be-)Reiter". Ob Sie das komplett richtig haben, und ob Sie sich hier einen Punkt auch nur für das Pferd geben, überlasse ich Ihnen.

4. Vorne eine Frau mit Wachauer Goldhaube, hinten anfangs ebenfalls ein Bindenschild, später der Bundesadler. Hier lasse ich je nach Alter beide Antworten gelten. Wer wusste, dass es zwei Varianten waren, erhält einen Bonuspunkt.

5. Also, wer das weiß, ist ein echter Auskenner oder notorischer Besserwisser: Der Enzian ist nämlich nicht als Solosymbol zu finden, sondern ist Teil der Null auf der Vorderseite der 50-Groschen-Münze.

Na, alles gewusst? Falls ja, herzliche (wenn auch skeptische) Gratulation! Falls nein, nicht traurig sein, so wie Ihnen geht es vermutlich über 90 Prozent der Leser dieses Buches.

EUROQUIZ-AUFLÖSUNG:

1. Enzian (1 Cent), Edelweiß (2 Cent), Alpenprimel (5 Cent) – ich wette, spätestens bei der dritten Blume sind Sie gestrauchelt.

2. Stephansdom (10 Cent), Schloss Belvedere (ganz klein im Hintergrund, im Vordergrund sieht man dessen Tore, 20 Cent), Secession (50 Cent).

Wenn Sie das wirklich alles wussten, sind Sie Numismatiker, Historiker, Botaniker, Architekt oder Nerd.

Bairisch autark

DIE ÖSTERREICHISCHE SPRACHE

Lassen Sie sich nie von jemandem ins Bockshorn jagen, der Ihnen hinterhältig grinsend erklärt, Österreichisch sei ja gar keine eigene Sprache, sondern nur ein „bayerischer Dialekt". Meistens geben solche Erklärungen deutsche Staatsbürger von sich, und zwar solche mit Halbbildung. Tatsache ist, dass Österreichisch sehr wohl eine Sprache ist, aber, wie – fast alle – österreichischen Dialekte, zum „Bairischen" gehört – notabene mit „i" und nicht „y". Denn im Gegensatz zum Wort *bayrisch*, das die Sprache und den Dialekt von Bayern beschreibt, ist *bairisch* ein sprachwissenschaftliches Wort, das eine große Region des Süddeutschen Raums sprachlich zusammenfasst. Und einige davon liegen nicht in Bayern.

Etwas genauer betrachtet ist Deutsch nämlich eine sogenannte „plurizentrische Sprache", also laut synchroner Linguistik eine Sprache mit mehreren Standardvarietäten, sprich Hochsprachen. Deswegen besteht Deutsch aus drei gleichberechtigten Hoch- und Schriftsprachen, nämlich (Bundes-)Deutsch, Österreichisch und Schweizerdeutsch. Im Fall von Österreichisch als Sprache bereits seit Maria-Theresia schriftlich festgelegt und bis heute sowohl von Duden berücksichtigt als auch im eigenen „Österreichischen

Wörterbuch" publiziert. Wie gesagt, die Rede ist vom österreichischen Hochdeutsch – mit eigenen hochsprachlichen Ausdrücken wie Erlagschein, Sessel (für Deutsch Stuhl) oder Vogerlsalat, die insbesondere seit dem Beitritt Österreichs zur EU von Deutschdolmetschern erst mühsam nachgelernt werden mussten. Die nennt man Austriazismen im Gegensatz zu Helvetismen und Teutonismen.

Eine andere Sache sind die Dialekte. Hier gehören die verschiedenen wienerischen, niederösterreichischen, oberösterreichischen, Salzburger und auch nordburgenländischen Dialekte zum „Ostoberdeutschen-Mittelbairischen", die tirolerischen, kärntnerischen und steirischen, obwohl im Ohr eigentlich extrem unterschiedlich, zusammen zum „Ostoberdeutschen-Südbairischen". Und das Vorarlbergerische, besser gesagt die vielen Dialekte in den Vorarlberger Tälern, die es nicht nur Menschen aus anderen Bundesländern unmöglich machen, Vorarlberger zu verstehen, sondern zum Teil auch Vorarlbergern, sich untereinander zu verständigen, gehören dem „Alemannischen" an.

Hier ein noch paar Unterscheidungshilfen beziehungsweise Tipps für Leute, die sich einmal in österreichischen Dialekten versuchen wollen:

WIENERISCH. Nehmen Sie eine möglichst schlampige Haltung ein, entspannen Sie jeden Muskel in Ihrem Körper, insbesondere jeden dem Sprechapparat dienenden. Sprechen Sie jeden harten Konsonanten weich aus (b statt p, d statt t, g statt k), überbetonen Sie jeden Vokal und ziehen Sie ihn bis zur Unerträglichkeit in die Länge.

Übungsphoneme: „Heeeaaasssd Ooooiiiiiidaaaa!", „Wooooos wüssssd?" „Duuuuuhooooooohhhhhaaaaaaahhhhsssssssch!"

STEIRISCH. Gehört neben Wienerisch zu den am leichtesten zu identifizierenden ostösterreichischen Dialekten. Besonders typisch ist die übermäßige Diphthongierung des Steirischen, d. h. es gibt de facto keine alleinstehenden Vokale. Der Wiener Satz „Wooos haaaast deeees?" klingt im Steirischen so „Woouus hooaast deeiis?" Es wird sogar behauptet, dass die steirische Stadt Leoben die einzige Stadt der Welt sei, die korrekt nur mit allen fünf Vokalen in der alphabetisch richtigen Reihenfolge ausgesprochen wird: nämlich „Laeioubn"

Übungsphonem: „Wou is deis Kärnöij?"

KÄRNTNERISCH. Das Kärntnerische weist eine dem Wienerischen vergleichbare Weichheit und Muskelschwäche bei den Konsonanten auf. Und zwar gleich bei einigen mehr. Sie betrifft nämlich neben p, t und k auch noch l, s, sch und ch. Das Kärntner l entspricht in seiner Ausprägung dem englischen r – es ist fast nicht mehr als solches wahrnehmbar. Versuchen Sie ein l auszusprechen, ohne dass Ihre Zungenspitze den Gaumen berührt, dann haben Sie's in etwa. Das s ist ebenfalls geschwächt oder verkümmert. Üben Sie, ein s mit gespitzten Lippen (der Mundstellung, die Sie sonst für ein u verwenden würden) auszusprechen. Das sch ist fast schon portugiesisch weich auszusprechen, etwa wie im Vollrausch. Das ch zu imitieren, ist simpel: Es existiert nicht – und wird wahlweise durch ein h ersetzt oder ganz weggelassen. Außerdem werden die Vokale ebenfalls gedehnt, aber eher verhaucht, d. h. hinter ihnen ist prinzipiell immer ein h zu denken oder sogar zu sprechen.

Übungsphoneme:„G(l)ohn(g)fuhad", „(L)eih (l)oh(s)n", „Fieh(l)a(h)a Foh(sch)in(g)".

TIROLERISCH. Sprachwissenschaftlich gilt Tirolerisch als der am weitesten fortgeschrittene deutsche Dialekt, da er die reinen Konsonanten am meisten durch sogenannte Affrikate ersetzt hat. Das ist sehr vereinfacht die Erweiterung eines Konsonanten durch einen weiteren, im historisch-ursprünglichen Wort nicht vorhandenen. Hochsprachlich z (ts) statt t (engl. two – „zwei"), pf statt p (engl. path – „Pfad"). Im Tirolerischen heißt das in Kürze: Hinter jedem k folgt ein ch. Dabei zu beachten: Es handelt sich im Tirolerischen *immer* um ein „hinteres ch". Versuchen Sie mal, das Wort „Ich" mit demselben ch auszusprechen, das sie für das Wort „Ach" verwenden, dann kommen Sie genau hin. Dieses konsequente hintere ch, das ch hinter jedem k, scht statt st auch im Auslaut (bist –> bischt), eine dem Steirischen ähnliche, aber etwas gemäßigtere Diphthongierung der meisten Vokale und die mehrheitliche Verwendung eines vorderen (Zungenspitzen-)r, statt eines hinteren (Gaumen-)r müssten für eine passable Imitation ausreichen.

Übungsphoneme: „Innschbruckch", „Schpeckchkchnödel", „Bischt a Tiroula, bischt a Mensch", „Aundreias Houfa".

VORARLBERGERISCH. Können Sie den Schweizer Akzent nachahmen? Wenn ja, dann kombinieren Sie ihn mit einem allgemeinen „Hochösterreichisch" à la Klaus-Maria Brandauer, ersetzen Sie „gewesen" durch „gsi" und überbetonen Sie jedes e zu einem ä. So kommen Sie dem Vorarlberger *Akzent* in etwa nahe. Der Vorarlberger Dialekt dagegen ist wie das Schweizerische und andere alemannische Sprachen eine eigene (Geheim-)Sprache und für Außenstehende weder verständlich noch in irgendeiner Form imitierbar. Ehrlich.

Übungsphoneme (Akzent): „Brägänz", „Fäldkirch".

Für Fortgeschrittene (Dialekt): „Breagaz", „Fealdkirch", „Dorabira", „Bludaz"; „Vorarlbearg isch än Toal vo d'r Alemannia, wo ganz dunna im Südoschta isch und köhrt zua Öschtariech".

NIEDERÖSTERREICHISCH / OBERÖSTERREICHISCH / SALZBURGERISCH. Historisch eine enge Familie (eben Ostoberdeutsch-Mittelbairisch) und daher für den Außenstehenden im Detail schwer zu unterscheiden. Ähnlich dem Wienerischen, nur nicht ganz so extrem gedehnt etc. Dabei ist für das Niederösterreichische etwa die Ersetzung der Endsilbe „-nen" und „-ner" durch „-na" typisch (Phonem: „Do wern die Mauna oba stauna"), und Oberösterreichisch wird etwas langsamer gesprochen als die anderen Dialekte. Und vielleicht etwas nasaler. Ansonsten unterscheiden sich diese Dialekt hauptsächlich durch jeweils indigene und regionale Dialektausdrücke.

BURGENLÄNDISCH. So klein das Land ist – es ist sprachlich getrennt zwischen dem Norden und dem Süden. Zusätzlich gibt es im Südburgenland die originäre (und mit dem Nordbairischen verwandte) Form des Heanzisch („Heinzisch") – in dem etwa auf ein ua ein ui folgt: guad – guid (gut), Schua – Schui (Schuhe), Kua – Kui (Kuh). Sonst ist es schwer, einen burgenländischen Akzent als solchen zu beschreiben oder zu imitieren. Eine Annäherung wäre, sich das Steirische zum Vorbild zu nehmen und etwas abgehackter, langsam, gedehnt, mit tiefer Stimme und vor allem wenig und selten zu sprechen – das passt dann schon.
Übungsphoneme: „Oubapujnduaf", „Fuikabroudasduaf", „jouh", „nah".

Bunter Flaschenzug

STAINZ, STEIERMARK

Seit 1892 dampft die „Stainzerbahn", eine der letzten und ältesten dampfbetriebenen Schmalspurbahnen Österreichs, durch die Gegend. Sie heißt auch „Lokalbahn Preding-Wieselsdorf-Stainz", was zugleich ihre heutige Strecke beschreibt. Außerdem trägt sie noch die Bezeichnung „Flascherlzug". Und das deswegen, weil hier einst ein Volksdoktor (Bauerndoktor, Natur- oder Wunderheiler, je nach Sichtweise) namens „Höllerhansl" praktizierte, dessen Spezialität es war, das Krankheitsbild seiner Patienten aus deren Urin zu erkennen. Womit er der ehrwürdigen Tradition der medizinischen „Urinschauer" folgte. Er war sehr bekannt und der beste Weg, ihn zu erreichen, war mit der Bahn. Es reisten also haufenweise Patienten zum Höllerhansl (eigentlich Johann Reinbacher), alle mit einer in einem Fläschchen transportierten Urinprobe im Gepäck. Und so wurde die Bahnlinie eben zum „Flascherlzug" …

Eine weitere Besonderheit der Stainzerbahn, die heute mit einer 1894 gebauten Lok angetrieben wird, ist ihre Farbgebung. Jeder Waggon, der auch einen eigenen Namen trägt, hat eine andere Farbe. Im Normalbetrieb sind das neben dem Generatorwagen die Waggons „Höllerhansl" (grün),

„Bergliesl" (rot, nach einer Kräutersammlerin namens Elisabeth Strametz), „Kräuterwagerl" (gelb) und „Schilcherschaukel" (ein blauer Buffetwagen). Außerdem kommen noch manchmal die Wagen „Erzherzog Johann" (rot), „Ölspur" (grün) und der „Kinderwaggon" (bunt) dazu. Die „Panoramawagen 1 und 2" sind nicht so auffällig bunt eingefärbt, haben dafür aber große Panoramascheiben.

Blüten und Würmer

Um den Toplitzsee ranken sich schon seit jeher Sagen und Gerüchte. Und seit die NS-Diktatur im Zweiten Weltkrieg dort Torpedo- und Raketenexperimente durchführte und gegen Kriegsende alles Mögliche im See versenkte, das dem Feind nicht in die Hände fallen sollte, hat der salzhaltige und unüblich warme See endgültig international den Status des Mystischen und Mythischen errungen. Tatsächlich wurden dort bei diversen legalen und illegalen Tauchgängen schon gefunden: Kriegsmaterial, gefälschte Pfundnoten (die aus dem Film „Die Fälscher"), eine unbekannte Wurmart, einige Dokumente aus der NS-Zeit, noch mehr Kriegsmaterial, seltene Bakterien, noch mehr gefälschte Pfundnoten, viele Baumstämme, weiteres Kriegsmaterial und gefälschte Pfundnoten sowie eine nicht zu bergende Kiste mit russischer Beschriftung. Nicht gefunden, weil aller Wahrscheinlichkeit nach nicht dort vorhanden, obwohl vielfach dort vermutet, wurden: ein Nazi-Goldschatz, Aufzeichnungen über Nazi-Geheimkonten in der Schweiz, der sagenumwobene Nazi-Goldschatz, Kisten mit Brillanten, eine wertvolle Briefmarkensammlung, ein angeblicher Nazi-Goldschatz, Beutegut aus Ungarn, das Bernsteinzimmer, Nessie (obwohl der Tourismusverband daran arbeitet) und der notorische Nazi-Goldschatz. Kurz, es gibt dort keinen Nazi-Goldschatz. Mittlerweile gilt auch als ziemlich sicher, dass sämtliches Gold der Reichsbank von den Alliierten gefunden und beschlagnahmt wurde und der Rest auf dem Schwarzmarkt gelandet ist. Was vermutlich niemanden davon abhalten wird, weiter danach zu suchen, auch im Toplitzsee.

Aber wie bereits kurz erwähnt, es gibt dort schon Sensationelles, nämlich Würmer. Und zwar welche, die in 60 Metern Tiefe in einer sauerstofflosen (!) Umgebung leben. Die Entdeckung des etwa 23 Zentimeter langen und „Lumbricus cf. Polyphemus" getauften Wurms war eine kleine wissenschaftliche Sensation.

Übrigens gibt es noch andere seltsame Würmer in Österreich. Unter anderem einen grünen Regenwurm! Der „Smaragdgrüne Regenwurm" (Allolobophora smaragdina) ist selten und nur in wenigen Gegenden der Welt heimisch. In Österreich kommt er vor allem in Teilen Kärntens vor und ist eigentlich eher ... polychrom: als „Regenwurmbaby" ist er rosarot, wird dann dunkler und mit etwa einem Jahr violett, dann kann er unter anderem zu gelb, rot, rosa, violett und grün wechseln, bevor er sich mit zwei, drei Jahren schließlich auf smaragdgrün einpendelt.

Die alte Gisela

TRAUNSEE, OBERÖSTERREICH

Auf dem oberösterreichischen Traunsee verkehrt seit 142 Jahren einer der ältesten Dampfer der Welt. Das mit einer „oszillierenden Verbunddampfmaschine", früher mit Kohle und jetzt mit Öl betriebene Schiff schippert seit 1872 ununterbrochen auf dem mit bis zu 191 Metern tiefsten See Österreichs. Der Dampfer ist nach Gisela Louise Marie, einer

Tochter von Kaiser Franz Joseph und seiner Frau Elisabeth benannt. Übrigens wurde auch eine Eisenbahnstrecke, die Giselabahn von Salzburg nach Wörgl, heute Teil der Westbahnstrecke, nach der Habsburgerprinzessin benannt. Zu ihrer Mutter Sis(s)i hatte sie kein besonders inniges Verhältnis und wurde von dieser in ihren geheimen Gedichten als „rackerdürre Sau" und deren Kinder als „Ferklein" bezeichnet. 1981 jedenfalls wurde der Dampfer unter Denkmalschutz gestellt – das erste schwimmende Objekt, dem diese Ehrung zuteil wurde.

Übrigens: Der Traunsee, von den Römern „Lacus Felix", also glücklicher See geheißen, ist zwar der tiefste, aber sicher nicht der wärmste See Österreichs. Diese Ehre gebührt dem Kärntner Klopeiner See, der mit bis zu 28 Grad auch als wärmster See Europas gilt.

Guerilla-Gärtner und grüne Zebras

**ÜBELBACH, STEIERMARK /
FRAUENKIRCHEN, BURGENLAND**

Die Eroberung des städtischen Raums durch und für Fuß-
gänger findet – neben der Errichtung von Fußgängerzonen
und klassischer Begrünung – in immer interessanteren und
experimentelleren Formen statt. Neben „Guerilla Garde-
ning" – das ungefragte Verstreuen von Samen-„Bomben"
auf brachliegenden Grundstücken und Erdflecken im Stadt-
gebiet – oder „Guerilla Knitting" – das ungefragte bestricken
von Hydranten und anderen im öffentlichen Raum befindlichen Gegenständen – gibt es auch immer mehr Formen
veritabler landwirtschaftlicher Stadtnutzung. Bienenstöcke
am Dach, Tomaten in der Etagere, ganze Anpflanzungen auf
dem Balkon: Die Möglichkeiten sind vielfältig. Und auch
gemeinsam genutzte Gemüsegärten finden sich mittlerweile
vereinzelt in Städten und Dörfern Österreichs, sogar in
Wien.

International bestaunter Vorreiter ist hier der steirische Ort
Übelbach, der mit Stolz den Titel „erste essbare Gemeinde
Österreichs" trägt. Der erste „essbare" Garten entstand hier

2013 auf einem Spielplatz neben dem Kindergarten. Dort
gibt es laut eigener Website: „Kräuter, Gemüse, Wildrosen,
Beerensträucher, Beerenfrüchte und verschiedene Kletter-
pflanzen als Bienenweide sowie Moschusenten als Mitarbei-
ter." Mittlerweile gibt es im Ort eine ganze Reihe weiterer
öffentlicher Anpflanzungen: vor einem Pflegeheim, direkt
am (Übel-)Bach und sogar am Marktplatz. Das ganze ohne
Zäune oder Zugangsbeschränkungen. Jeder darf im Vorbei-
gehen etwas von den Pflanzen pflücken. Sorgen um das

Grünzeug macht man sich nicht, denn gerade durch diese Offenheit und dadurch, dass sich alle verantwortlich fühlen, gibt es kaum unlauteres, übertriebenes Ernten oder gar Vandalismus. Dieses Konzept des „City Farming" wird von der Gemeinde sehr stark gefördert und propagiert sowie Besuchern von Auswärts vorgeführt und erklärt – und mittlerweile auch schon an vielen anderen Stellen Österreichs nachgemacht.

Diese Mikroanpflanzungen können auch einem weltweiten Problem zumindest im Kleinen Abhilfe leisten: nämlich dem Aussterben der Sortenvielfalt und der Konzentration auf wenige, besonders ertragreiche Obst- und Gemüsesorten. Allerdings gibt es auf diesem Gebiet glücklicherweise

bereits heftigen Widerstand und Rettungsversuche. Eine besonders prominente Rolle spielt hier die schon sehr bekannte gemeinnützige Organisation „Arche Noah" mit Hauptsitz in Schiltern (Niederösterreich). Dass die Erhaltung der Sortenvielfalt auch durchaus kommerziell wie kommerziell erfolgreich sein kann und darf, lebt unter anderem der burgenländische „Tomatenkaiser" Erich Stekovics vor, der in seiner Samenbank über 7.000 (!) verschiedene Tomatensorten hortet, von denen er jährlich etwa 700 anbaut. Dazu kommen noch 350 Sorten Chilis. Wer sich die verschiedenen Paradeisersorten (von „Orange Banane" über die „Russische Reisetomate" und „Schneewittchen" oder gar „Super Snow White" bis zu „Grünes Zebra") und ihre geschmacklichen Beschreibungen selbst ansehen möchte, kann das gerne auf der Website des Kaisers www.stekovics.at tun.

Geologischer Superlativ

Immer wieder kommt mir bei meinen Recherchen die Geschichte unter, dass einst, also so vor 300 Millionen Jahren, im Waldviertel der höchste Berg der Welt gestanden habe. Irgendwer hat ihm dann den poetischen Namen „Wolkenspiegel" verliehen, heute wird er höher geschätzt als der Mount Everest. Für dieses Buch wollte ich die Sache nun einmal genauer recherchieren, hab auch einiges an geologischen Texten gelesen, bin aber in Sachen logischer Nachvollziehbarkeit gescheitert. Was wohl teilweise an meinem mangelnden Verständnis der Texte lag und auch daran, dass Wissenschaftler im Gegensatz zu Autoren von humoristischen Populärsachbüchern nicht so gern mit Superlativen wie „der höchste Berg der Welt" um sich schmeißen. Aber im Großen und Ganzen dürfte das schon alles stimmen. Irgendwie hat wohl am Ende des Präkambriums (vor 600 Millionen Jahren) eine sogenannte Cadomische Gebirgsbildung in der Böhmischen Masse stattgefunden und das Ergebnis dieser „Auffaltung" war ein gigantisches Mammutgebirge, das von den Appalachen und Ostkanada über die Bretagne bis zu den Sudeten (damals alles ein Kontinent) und über 7.000 Meter emporragte, mit der Spitze hoch über den Wolken, wohl irgendwo im heutigen Ostrong. Als Urheber des Namens taucht jedenfalls immer wieder ein gewisser Univ. Prof. Dr. Gerhard Fuchs, ehemals Geologische Bundesanstalt Wien, auf. Vielleicht weiß ich ja bis zu meinem nächsten Buch mehr.

Jedenfalls ist das heutige Waldviertel, was man gar nicht so merkt, eine Hochebene, korrekter, eine „wellige Rumpffläche des zur böhmischen Masse gehörenden Grundgebirges", also auf jeden Fall ein abgeschliffenes ehemaliges Gebirge. Ein Beleg dafür sind die „Restlinge", riesige, seltsam geformte Granitblöcke, zu denen auch die sogenannten Wackelsteine gehören. Schwer vorstellbar, aber die hat niemand dorthin gestellt (und auch kein Riese geworfen), sie sind einfach das, was *übergeblieben* ist, als der Rest des Gesteins um sie herum erodiert ist. Ähnlich einem Bildhauer, der eine Skulptur aus einem Block meißelt. Übrigens: Wenn feinfühlige Menschen im Waldviertel etwas Feinstoffliches spüren, liegen sie vermutlich nicht ganz falsch. Allerdings handelt es sich dabei eher nicht um eine mystische Ausstrahlung, sondern um die irgendwie mit dem Granit zusammenhängende, natürlich erhöhte Radioaktivität des Gebiets.

Die Wolkenmacher von Floridsdorf

WIEN*, WIEN

Österreich hat keine Marine mehr. Das klingt jetzt auf Anhieb nicht so sensationell, tatsächlich aber hatte Österreich nicht nur zu k. u. k. Zeiten eine besonders beachtliche Seemacht (zeitweise die sechst- oder, je nach Quelle, fünftgrößte Flotte der Welt – inklusive U-Boote), nein, auch die Zweite Republik besaß, nun, Militärboote. In wechselnder Stärke und zur Absicherung der internationalen Wasserstraße Donau. 2003 hatte die österreichische „Marine" immerhin noch einen Personalstand von 30 Soldaten und zwei Offizieren. 2006 endete aber auch diese Ära und die (abgesehen von ein paar kleinen Motorboten) letzten zwei Patrouillenschiffe, die „Oberst Brecht" (12.30 Meter, sechs Mann Besatzung) und die „Niederösterreich" (die 29,67 Meter, 73 Tonnen, neun Mann Besatzung) wurden außer Dienst gestellt (aber nicht abgewrackt, dazu gleich) und in

---

* Da über jede Landeshauptstadt Österreichs natürlich sehr viel, eventuell sogar Buchfüllendes, zu berichten wäre, beschränken sich die Einträge hier auf einige spezielle Fakten.

den Besitz des Heeresgeschichtlichen Museums übergeben. Und waren dann mehrere Jahre lang – und das ist der Grund für den Eintrag an dieser Stelle – unter der Reichsbrücke geparkt, wo man sie auch besichtigen konnte. Dieses kleine nautische Museum wurde aber so gut geheim gehalten (= wenig beworben), dass die beiden Schiffe mittlerweile in ihren Heimathafen Korneuburg überstellt wurden, wo sie nun ebenfalls museal zu besichtigen sind. Allerdings ist eine Wiederindienststellung theoretisch möglich: Das Heeresgeschichtliche Museum gehört zum Bundesministerium für Landesverteidigung (BMLV), daher gehören die Schiffe – nach wie vor – zur Bewaffnung des österreichischen Bundesheeres.

Die Schifferln sind zwar nicht mehr in Wien, dafür liegt die derzeit größte Windkanalanlage der Welt in der Bundeshauptstadt. Und zwar befindet sie sich ganz genau im „Rail Tec Arsenal" in Floridsdorf. Und es handelt sich dabei, noch genauer, um einen „Klima-Wind-Kanal" für Schienenfahrzeuge. Und, am genauesten, eigentlich um zwei Anlagen, nämlich den „kleinen Klima-Wind-Kanal" und den „großen Klima-Wind-Kanal". Originelle Namen eigentlich. Der größere der beiden ist dabei beachtliche 100 Meter lang, 5 Meter breit und 6 Meter hoch und kann eine Windgeschwindigkeit von zehn bis zu 300 (!) km/h simulieren. Dazu noch eine Luftfeuchtigkeit von bis zu 98 Prozent sowie Temperaturen zwischen -50 (!) und +60 Grad. Weiters kann seitlich und frontal eine Sonneneinstrahlung mit verschiedenen Winkeln und Energieleistung bis zu 1.000 Watt/m² simuliert werden.

Also schon ein bissi mehr als eine handelsübliche Energie-
sparlampe. Bis auf die Größe und die Windgeschwindigkeit
erreicht auch der kleinere Windkanal alle diese Werte. Dazu
können Regen, Schnee und Vereisung simuliert werden. Seit
dem Frühjahr 2014 kann die Anlage darüberhinaus durch

den sogenannten „Icing Rig" sogar künstliche Wolken herstellen! Was besonders wichtig für einen neuen Testzweig der Anlage ist: das Verhalten von Fluggeräten bei unterschiedlichen klimatischen Verhältnissen. Seitdem sind die Ingenieure der Anlage auch als „Wolkenmacher" bekannt. Ganz ohne Buschtrommel und Zauberpulver.

Altösterreicher

Die bekannteste Willendorferin ist 25.000 Jahre alt. Es handelt sich dabei natürlich um die weltberühmte Venus von Willendorf, eine mehr als eindeutig weibliche Kalksteinfigurine von gerade einmal elf Zentimetern Höhe. Venus heißt sie deswegen, weil Forscher vor allem des reichlich verschämten 19. Jahrhunderts prinzipiell einmal alles als Venus bezeichnet haben, das in irgendeiner Form nackte Damen darstellte. Halbnackte Damen (vor allem der griechisch-römischen Periode) bezeichnete man dagegen als *Venus pudica* („schamhafte Venus"). Mit Aphrodite, also der Liebesgöttin, haben diese ganzen Veneres jedoch gar nichts zu tun. Drum spricht man bei diesen von Westeuropa bis Sibirien verbreiteten Mininackedeis (es gibt zwar auch männliche Männchen, aber nur ganz wenige) heute eher von „Frauenstatuetten". Die üppige Dame aus der Wachau gilt dabei als eine der schönsten und besterhaltenen ihrer Art. Sie wurde bereits bis ins letzte Detail untersucht, ihre Herstellung akribisch erforscht. So weiß man sogar, dass ihr Bauchnabel aus einer natürlichen Vertiefung im Stein heraus erweitert wurde oder dass ihre Schamlippen zuletzt geschnitzt wurden, der Graveur dabei aber abgerutscht ist

257

und dabei einen Einschnitt am linken Oberschenkel verursacht hat. Archäologen, man muss sie einfach lieben.

Obwohl die älteste Willendorferin, ist Frau Venus nicht die älteste ihrer Art aus Österreich. Noch gut 7.000 Jahre älter ist die Venus vom Galgenberg – besser bekannt unter ihrem Künstlernamen „Fanny". Diese Venus wurde direkt auf der Gemeindegrenze zwischen Stratzing und Krems-Rehberg auf dem sogenannten Galgenberg gefunden. Die 32.000-jährige Dame ist zwar im Vergleich zu ihrer Schwester in Willendorf fast zweidimensional flach, scheint dafür aber in einer neckischeren, tänzerischen Position dazustehen. Daher verlieh man ihr nach der bekanntesten Tänzerin des 19. Jahrhunderts, Franziska „Fanny" Elßler, den Spitznamen Fanny. Zwar gibt es noch eine etwas ältere Frauenfigurine, die „Venus vom Hohlefels" (Fundort Schelklingen, Schwäbische Alp), die wie Fanny aus Elfenbein geschnitzt wurde, deren kopfloser Torso erinnert allerdings mehr an ein Brathendl mit Brüsten. Damit ist Fanny zwar nur die zweitälteste bekannte (und gesicherte) Darstellung eines Menschen, aber die bei Weitem hübschere.

Im Übrigen konnte sich Willendorf in jüngster Zeit doch wieder einen Platz an der Spitze der *Paläoanthropologie* sichern: Erst 2014 wurden dort Funde gemacht, die Beweise für eine Besiedelung des Ortes (und somit Europas) durch moderne Menschen schon vor 43.500 Jahren erbracht haben. Das ist insofern bedeutend, weil … ok, da muss ich kurz ausholen. Die Besiedelung Europas durch Hominiden – mit unserer Menschenrasse verwandt, aber eben nicht zu den

Homo Sapiens gehörend – ist schon für eine Zeit vor 100.000 bis 200.000 (die Forscher sind da etwas großzügig beziehungsweise uneins) nachgewiesen. Auch in der Gegend um Willendorf fand man Spuren einer Besiedelung vor mindestens 50.000 Jahren, nur waren diese besiedelnden Herrschaften Neandertaler, also keine von den Unsrigen. Da die Neandertaler aber (in Zentraleuropa) bereits vor 40.000 Jahren ausstarben, und man bisher annahm, dass der moderne Mensch erst so um 41.000 oder gar 40.000 einwanderte, dachte man bisher, dass sich die beiden Frühmenschen kaum begegneten. Durch die neuen Entdeckungen erweitert sich das Zeitfenster jedenfalls um mindestens 2.000 (!) Jahre Koexistenz. Zeit genug, dass die Menschen am Verschwinden der Neandertaler durch Krieg oder Verdrängung oder eingeschleppte Krankheiten nicht ganz unschuldig waren (wofür es aber keine eindeutigen Beweise gibt). Auf jeden Fall aber auch Zeit genug, um eine ausreichende Vermischung der Gattungen zu ermöglichen. Und dafür gibt es mittlerweile durchaus Beweise: Tragen doch heute *alle Menschen außerhalb Afrikas* etwa eineinhalb bis drei Prozent Neandertaler-DNS mit sich herum!

Übrigens weiß man bis heute nicht, wofür die in ganz Europa und über Jahr(zehn)tausende verbreiteten Venusfigurinen wirklich gedacht waren. Die Theorien reichen von verehrten Göttinnen über Fruchtbarkeitssymbole und / oder -amulette – denn ein paar haben auch Ösen statt eines Kopfes. Das ist alles gut und schön, aber (unter uns Klosterschwestern) möchte ich noch ein Theorie hinzufügen, die mir nicht weniger plausibel scheint. Die Frauenstatuetten könnten auch durchaus eine Form von steinzeitlichem YouPorn gewesen sein. Handlich genug wären sie gewesen, um sie unter der Hand zu handeln, und warum sollten unsere Vorfahren edleren Gemüts gewesen sein als alle ihre Nachfolger? Sapiens hin oder her.

Wie auch immer. Um nicht mit diesem lästerlichen Gedanken schließen zu müssen, hier noch kurz meine Lieblingsgeschichte zu den Neandertalern, nämlich wie sie zu ihrem

Namen kamen. „Neander" ist die Abkürzung für Griechisch „neos andropos", also neuer Mann oder neuer Mensch. Und tatsächlich handelt es sich beim Neandertaler ja auch um einen neuen Menschen, eine neu entdeckte Menschenart. Hat er daher also den Namen? Pustekuchen, würde man in der Gegend seiner Erstentdeckung sagen. Der Neandertaler wurde nämlich im 19. Jahrhundert bei Bauarbeiten im Neandertal bei Düsseldorf ausgegraben und nach dem Tal benannt (nicht etwa umgekehrt). Das Tal hieß nämlich schon vorher so. Und zwar nach seinem Besitzer, einem Pastor des 17. Jahrhunderts namens Joachim Neander, der seinen Namen eigentlich nur bildungsbürgerlich aufgepeppt und gräzisiert hatte. Zuvor hieß er nämlich schlicht ... Neumann.

No Atomstrom in my Wohn-Home

ZWENTENDORF, NIEDERÖSTERREICH

Außerhalb Österreichs vor allem bei Naturschützern oder dem einen oder anderen besorgten Atomlobbyisten bekannt, steht Zwentendorf in Österreich auch 30 Jahre nach der Abstimmung für einen österreichischen Schildbürgerstreich der besonderen Art. Nämlich eine hochkomplizierte, hochtechnisierte Anlage zu errichten, und sie dann, kurz vor dem Aufsperren, nun, nicht aufzusperren. Rund um den Plan, Österreich an das Atomstromzeitalter anzuschließen, gab es von Anfang an heftige Diskussionen und Kontroversen. Bis Bundeskanzler Bruno Kreisky, der für das Kraftwerk war, nachgab und eine Volksabstimmung entscheiden ließ. Im Herbst 1978 votierten dann 1.576.839 Österreicherinnen und Österreicher (49,53 %) für eine Inbetriebnahme des Kraftwerks, und 1.606.308 (50,47 %) dagegen. Ein halbes Prozent oder 30.000 Stimmen machten den Unterschied. Das weltweit einmalige Atomsperrgesetz wurde beschlossen. 1999 wurde es neu formuliert, sogar in den Verfassungsrang erhoben.

Das Atomkraftwerk Zwentendorf wurde jedenfalls durch

den Willen des Volkes nicht eingeschaltet. Aber auch nicht abgebaut. Vielmehr wurde es noch über Jahre und in Teilen Jahrzehnte lang konserviert, ursprünglich mit dem Hintergedanken, die Politik oder die Bevölkerung könnten es sich vielleicht doch noch einmal überlegen. Nach und nach wurde das Kernkraftwerk aber ausgeschlachtet und als Ersatzteillager für andere (deutsche) Kernkraftwerke benutzt. Auch als Ausbildungsstätte für andere Kernkraftbetreiber wurde es eingesetzt. Immerhin wurden vorhandene Leitungen widmungsgemäß teilweise von dem als Ersatz errichteten Kohlekraftwerk Dürnrohr genutzt.

Auch die Gebäude auf dem Areal wurden mit der Zeit für die verschiedensten Zwecke genutzt, unter anderem für eine Gendarmerieschule oder als Ausweichquartiere für die Zwentendorfer Haupt- und Volksschule. Aufgrund der großen Symbolkraft der Anlage – Sieg der Umweltbewegung über die Technokraten, Sieg der Bevölkerung über die Politik, Sieg des Lebens über das Kapital (oder was man sonst noch hineininterpretieren könnte) – wurde sie auch für kulturelle Aktivitäten benutzt. Auch mehreren Filmen und Musikvideos diente das AKW Zwentendorf als Kulisse. Unter dem Motto „Grün statt Ruin(e)" wurde das ehemalige AKW konsequenterweise auch immer wieder für Umweltaktivitäten genutzt. 2009 wurde hier etwa erstmals der „Save the World"-Award verliehen. Außerdem wurde auf dem Gelände eine Igelkolonie an der Donau eingerichtet.

Heute befindet sich das Kraftwerk in Besitz der EVN, „Energieversorgung Niederösterreich", die das Atomkraftwerk sukzessive in eine … Fotovoltaikanlage umbaut. Mit 700 MW Leistung im Endausbau. Zusammen mit der TU Wien wurde dazu das „Fotovoltaik-Forschungszentrum Zwentendorf" gegründet. Sowohl zur Energiegewinnung als auch zu Forschungszwecken wurde das ganze AKW sowie das Freigelände mit Solarmodulen verschiedener Bauart bepflastert. Sie wurden auf dem Dach aufgestellt, hängen an den Seitenwänden und stehen als Nachführanlagen auf dem Rasen rundherum. Auch für diese Nutzung können Teile der vorhandenen Infrastruktur eines Stromkraftwerks sowie dessen Leitungen genutzt werden. Der Überschmäh: Da der Status der Anlage als zugelassenes Kraftwerk nie geändert wurde, waren für die Inbetriebnahme vor Zwentendorf als Solarkraftwerk auch keine weiteren (bekannt langwierigen) Bewilligungen oder Genehmigungsverfahren mehr nötig!

Fucking Feuerwerksanstalt

ORTSNAMEN DER ANDEREN ART

Hm. Da stolpert man ganz harmlos über einen witzigen Ortsnamen und möchte daraus eigentlich nur einen kurzen Eintrag machen. Dann aber recherchiert man ein wenig, assoziiert – und hat flugs ein neues Kapitel am Hals. Oder besser im Buch. Die Rede ist von Ortsnamen, die auf die eine oder andere Art außergewöhnlich oder einfach witzig sind. Entweder genau so, wie sie sind, oder aber aufgrund falscher Betonungen, Interpretationen oder Assoziationen.

Wie im ersten – weltweit – bekannten Beispiel, das es sogar ins englische Fernsehen geschafft hat. Es geht um *Fucking*. Also nicht um die englischsprachige Vulgärbezeichnung für die Durchführung des Geschlechtsakts, sondern um die oberösterreichische Gemeinde mit dem – deutsch ausgesprochen – eher harmlosen Namen „fuh-king", der es im Internetzeitalter jedoch zu beachtlicher Bekanntheit gebracht hat. Ganze Bus-ladungen (amerikanischer)

Touristen lassen sich in die kleine Gemeinde schippern, um sich dort vor dem Ortsschild gegenseitig zu fotografieren. Übrigens wurden die acht Ortstafeln der Gemeinde mittlerweile stabil einbetoniert, vernietet und eingeschweißt, so oft wurden sie schon geklaut. Dabei geht der Name, der seit 1070 existiert, auf einen weitgehend harmlosen Mann namens „Focko" zurück. Mittlerweile vertreiben findige Geschäftsleute T-Shirts und andere Memorabilia mit dem bedeutungsschwangeren Straßenschild. Allerdings hat der Vertrieb einen Haken: Sollte auf einem Computer die Kindersicherung eingeschaltet sein, bleibt der Ort zensurgedingt unauffindbar …

Es gibt auch eine (in der Privatbrauerei Waldhaus im Schwarzwald gebraute) helle Biersorte mit dem – je nach deutscher oder englischer Lesart harmlosen oder skandalösen – Namen „Fucking Hell". Bei der Registrierung des Namens beim Europäischen Markenamt HABM sorgte „Fucking Hell" ebenfalls für einiges Aufsehen, wurde aber – nach einer ersten Zurückweisung – genehmigt und wird so seit 2010 vermarktet. Ein amerikanischer Bierkritiker merkte dazu an, dass man an einem Tag bequem von *Kissing* über *Petting* (beide in Bayern) nach *Fucking* gelangen könnte … Weniger bekannt aber durchaus auch fantasieanregend sind die etwa 70 Kilometer entfernten Orte *Oberfucking* und *Unterfucking*.

Wenn Sie von *Fucking* gehört haben, dürfte ihnen auch *Hühnergeschrei* (OÖ) nicht unbekannt sein, das bei einschlägigen Gesprächen stets als einer der ersten Namen auftaucht.

Unklar ist hier, ob der Name von schreienden Wildhühnern, unbekannten „Herren zu Stein", schreienden Hunnen oder einem Hühnenschrein herrührt.

Und weil Unterdergürtelliniges immer geht, folgen in diesen Konversationen meist folgende Orte: *Kleinpoppen* (NÖ), *Groß-Poppen* (NÖ), *Poppendorf* (ST) und als absolutes Atout natürlich *Vestenpoppen* (eine Ortschaft in Waidhofen an der Thaya). Dabei verweist „Poppen" jeweils nicht auf die vor allem in der Jugendsprache so bezeichnete Tätigkeit, sondern ganz im Gegenteil auf kirchliche Führer, die ja in orthodoxen Kirchen noch heute als „Popen" bezeichnet werden.

Und um es gleich hinter uns zu bringen, auch *Votzenthal* (T) hat vermutlich eine vernünftige etymologische Erklärung, wenn ich leider auch nicht verifizieren konnte, welche. Ich bin aber sicher, dass der „Votzenthalhof" immer wieder mehr oder minder witzige Anrufe bekommt. Ähnliches gilt im Übrigen für *Mösendorf* und *Mösenthal*, Ortsteile von Vöcklamarkt (OÖ), gegen die *Schamberg in Frauental* (ST) richtiggehend harmlos daherkommt.

Apropos, oder eben eigentlich *nicht apropos*, auch folgende Kombination von Ortsnamen wird als kleine Story gerne in fröhlicher Runde zum Besten gegeben: *Maria Gail* (K) – *Maria Empfängnis* – *Maria Elend* (K) ... Eine weitere Variante, die mir persönlich besser gefällt, endet übrigens auf *Maria Schmolln* (OÖ). Allerdings hat das Ganze den Schönheitsfehler, dass „Maria Empfängnis" zwar ein Feiertag ist, aber kein (für mich) verifizierbarer Ortsname. Ortsnamenspielpuristen könnten ihn jedoch etwa durch *Maria Rain* (K) ersetzen. Hüstl.

In der Nähe von *Maria Gail* befindet sich übrigens auch noch der *Gailspitz* (*Spitz* allein ist man in NÖ). Und im Lesachtal befinden sich noch *Obergail* sowie *Untergail*, ersteres bekannt aus der Jugendsprache, zweiteres vermutlich eine Frage des Hormonhaushalts ... *St. Blasen* liegt in der Steiermark, *St. Thomas am Blasenstein* in Oberösterreich, *Rammelhof* und *Samendorf* in Niederösterreich, die *Absamer* und *Absamerinnen* wohnen allerdings in Tirol.

Trieben befindet sich in der Steiermark, ebenso *Ludersdorf* und *Lustbühel*. *Lustenau* aber in Vorarlberg. Apropos: In Niederösterreich gibt's (ein) *Rohr im Gebirge*. Und *Schweinern*.

Alpe Sack in Au (V) klingt eher nach S/M. Und mein absoluter Favorit ist wohl *Unterfeichten am Hochlecken* (OÖ) ...

Nun gut. Aber bevor sie mich jetzt für einen *Sexling* (OÖ) halten, schnell zu anderen Themen.

Wie etwa, also zum Beispiel, nun, der schöne Ort *Fünfling* (OÖ).

Österreichs Orte sind nämlich nicht nur schweinisch, sondern auch **international**. *Steyr* liegt in Oberösterreich, *Tirol* dafür in der Steiermark. Und *Thüringen* in Vorarlberg. *Amerika* ist im Innviertel (OÖ) zu finden, *Chikago* dafür in Kittsee (B), *Gallizien*, *Malta*, *Schwarzindien* und *Türkei* jedoch in Kärnten (letzteres nahe dem *Gottestal*). *Mexiko* liegt in Schrems (NÖ), *Russland* in Schwoich (T), *Wolga* bei

Weiz und *Rostock* bei Deutschlandsberg (ST). Und *Österreich* schließlich liegt in Berndorf (ST).

Auch sprachlich geben sich Österreichs Ortsnamen den Nachbarländern gegenüber aufgeschlossen: *Tschau* liegt nicht weit weg von Italien in Kärnten, *Kraß* allerdings auch und ist deshalb nicht etwa in der Nähe von Deutschland zu finden. Im ehemaligen von der Kirche regierten Salzburg findet man sogar die Ortschaft *Latein*.

Und weil wir gerade beim **Fremdsprachlichen** sind: Viele österreichische Ortsnamen (siehe Fucking) entfalten ihr Humorpotential erst so richtig, wenn man sie englisch ausspricht. Wie *Rottenegg* (OÖ), wo man auf sein Frühstücksei vielleicht besser verzichten sollte. „Abseiling" ist ein echtes englisches Wort für eine Trendsportart, *Zupfing, Kubing, Hareding* in *Wendling* (OÖ) harren noch ihrer Erfindung. *Gaming* (NÖ) gibt es dafür schon, genau wie *Kicking* (OÖ) und *Going* (T). *Mining* (OÖ) betreibt man in Österreich an so mancher Stelle, *Pisching* (NÖ) eher im Internet. Auch eher gefährlich klingt *Persching* (K). *Wildermieming* (T) klingt nach grimassierenden Stadl-Schauspielern oder aber Darstellern in Billy-Wilder-Filmen. But that's the *Point* (T). Nicht nur in *Fucking* finden sich in der Reisezeit *Amishaufen* (T), vielleicht sogar auf der Suche nach dem *Missingdorf* (NÖ)? Worauf ein echter US-Bürger wohl antworten würde: *Damreith* (OÖ)!

Ok. Einen hab ich aber doch noch: *Wankham* (OÖ) ist sicher für alle lustig, die wissen, was „wank" beziehungsweise

„ham" im umgangssprachlichen Englisch einzeln oder auch in Kombination bedeuten. Aber auch auf Deutsch bleibt es immerhin eine nette Aufforderung an einen Wirtshausgast zur Sperrstunde.

Womit wir beim Thema **Alkohol** angelangt wären. In Österreich gibt's natürlich gerne mal ein *Glaswein* (NÖ), vielleicht *Rothwein* (ST)? Der Ober kommt dabei vielleicht aus *Tragwein* (OÖ). Wer mehr dem Hopfen frönt hat vielleicht am *Bieracker* (T) Glück oder unter so manchem *Bierbaum*. Zum Beispiel dem *Ober-* und *Unterbierbaum* (NÖ), dem *Herzogbirbaum* (NÖ), dem *Bierbaum am Auersbach* (ST), *Bierbaum am Kleebühel* (NÖ), *Moosbierbaum* (NÖ) oder – besonders sauber – dem *Bierbaum an der Safen* (ST). Vermutlich ruft man auch in *Rum* (T) gern *Prost* (T) und kann dann mit schwerer Zunge die Ortsnamen *Würschendorf* (OÖ) sowie *Unter-* und *Oberschoderlee* (NÖ) besonders elegant aussprechen. Antialkoholikern empfehle ich *Fantaberg* (OÖ). Oder auch *Haschendorf* (B).

Apropos flüssige Aussprache. So mancher österreichische Ort lädt zu onomatopoetischen (wortmalerischen) Assoziationen ein. Solche **„Geräuschworte"** kennt man vor allem, aber nicht nur, aus Comics. Jedenfalls finden wir hier (unter anderem):

Bschlabs (T), *Telfs* (T) – schlurfendes Gehgeräusch in
    weichen Hauspatschen
Schruns-Tschagguns (V) – alte Dampflok fährt ab
Goggitsch (ST) – Gämsen stoßen beim Revierkampf mit den
    Hörnern zusammen
Röns (V), *Tux* (T), *Bürs* (V) – alter Puch 500 fährt vorbei
Stams, *Stans* und *Stanz* (T) – Geräusche bei einer
    Volkstanzaufführung
Turdanitsch (K) – Skifahrer, auf einer Eisplatte
    ausrutschend
Vomp (T) – Aufschlag eines älteren, übergewichtigen
    Skihaserls

Sogar kleine akustische Geschichten gehen sich aus:
Patsch (T) – fallender und landender Kuhfladen
Gatschen-Quilk (ST) – saftiger Tritt in den Kuhfladen und
    aus demselben
Quadratsch (T) – die darauffolgenden Schritte
Grins (T) – Tätigkeit des Zusehers der Szene

Ratsch (ST) – Liebhaber zippt den Reißverschluss auf
Ratschach (K) – der Zipp bleibt stecken
Höh (OÖ) – Ausruf des Ärgers
Ratschitschach (K) – das Kleid zerreißt

Tweng (S) – Abschussgeräusch von Pfeil und Bogen
Fusch (S) – Fluggeräusch des Pfeils
Pfunds (T) – Treffer!

Kilb (NÖ) – Vogelruf
Fuschl (S) – Vogel verschwindet im Blätterwerk
Futsch (V) – und weg ist er

Parschlug (ST) – tiefer Zug aus dem Bierkrug eines Zusehers
Föllim (NÖ) – die Kellnerin schenkt nach
Scheibbs (OÖ) – Anstoßen
Wörgl (T) – nach einigen Bieren zu viel

An kein Geräusch, aber an eine geräuschvolle Tätigkeit gemahnen *Takern I* und *Takern II* in der Steiermark. Und wenn Ihnen das alles jetzt zu laut war, *Stumm* liegt in Tirol.

Ich bin ja nicht so ein Freund des **fäkalen** Humors, aber wenn die Dinge schon auf dem Präsentierteller liegen, zwingt einen der Drang zum Komplettismus, ja, die Wissenschaftlichkeit, auch zu deren Erwähnung ... Wie *Pistorf* und *Pischelsdorf* in der Steiermark. Der *Arschlochwinkel* (OÖ) findet sich noch auf älteren Karten des Dachsteingebirges. Dazu gibt's eine Geschichte, aber die erzähl ich etwas später. *Annalp* liegt in Oberösterreich, *Gschieß* im Burgenland, *Schoissenkar* in der Steiermark, doch leider ist die *Klooalm* weit entfernt in Tirol. *Schaßbach* (K), *Afterbach* (NÖ) und *Hinternasswald* (NÖ) ergeben sogar eine kleine Geschichte. Und um auch noch die andere Seite der Körperöffnungen zu berücksichtigen, *Übelbach* und *Kotzgraben* liegen in der Steiermark.

Politisch unkorrekt klingt heute *Negers* (NÖ), aber auch *Rauchengern* (NÖ), wo sich – ohne Schmäh – ein Rehabilitationszentrum für Suchtkranke befindet.

Aber die meisten Orte in Österreich tragen natürlich normale Namen. Manche sogar ziemlich **pragmatische**, wie immer wieder mal *Wald* (NÖ, OÖ, S), *Sand* (OÖ, NÖ, K), *See* (T) oder *Wiese* (T). Noch aussagekräftiger sind *Gegend* (NÖ) und *Hier* (OÖ), etwas konkreter werden wieder *Seesumpf* (Gemeinde Bach, T), *Seeboden* (K), *Feld am See* (K) und *Nachdemsee* (OÖ). Oder *Kurzer Grund* (T), *Langer Grund* (T) und *Seichten Graben* (NÖ). Auch die Wohnumstände der *Heimat* (V) werden gern beschrieben – nämlich das *Haus* (ST), der *Stall* (K) und Inventar, nämlich *Kuchl* (S), *Kasten* (NÖ), *Brettl* (NÖ), *Am Teller* (K), *Buch* (T, V), *Hackstock* (OÖ) und *Holzhüttenboden* (NÖ). Selbst wenn man nur einen *Minihof* (ST) hat.

Viele Leute wohnen in einem *Ort(h)*, sei es nun ein *Ort an der Straß* (OÖ), ein *Ort im Innkreis* (OÖ), ein *Orth an der Donau* (NÖ) oder sogar ein *Orts* (NÖ). Manche wohnen aber auch in einem Dorf, etwa in einem *Dorf an der Enns* (OÖ) oder in einem *Dorf an der* Pram (OÖ). Oder in einer ... *Sesselebene* (T)? Lebt man aber in oder am *Berg* (OÖ, N, S, K, K, T, NÖ), hat man wenigstens *Kühle Luft* (T), dafür aber auch eine *Kalte Kuchl* (NÖ). Manche wohnen auch einfach in ... wie heißt das gach ... Dings, Dings ... naja, halt einfach in *Dingbach* oder *Dingberg* (OÖ). An Körperteilen finden sich *Ellenbogen* (V) und *Ellbögen* (T), aber das kostet mich nur einen *Schulterzucker* (OÖ). Ziemlich pragmatisch auch *Almosen* (NÖ), *Klaus* (V, OÖ) und *Sonntag* (V). Ungeschlagen in dieser Kategorie ist aber wohl der Ort *ZH* (K), der steht nämlich für „zerstreute Häuser". Und manchmal reicht's auch nur für ein Füllwort wie *Und* (NÖ). Aber so ist das *Halt* (OÖ) *Eben* (ÖO, K, S, T).

Eine eigene Kategorie könnten noch Bekleidungsgegenstände bilden, wobei die eher um ein Thema zentriert scheinen. Nämlich: *Handschuh* (OÖ), *Heimschuh* (ST) und *Wundschuh* (ST). Autsch.

Auch **Fauna und Flora** findet sich zuhauf in österreichischen Gemeinden. Sie reicht von Haustieren – *Hundsbugel* (OÖ), *Hundsheim* (NÖ, T) – über Nutzvieh – *Kühstand* (NÖ), *Eberschwang* (OÖ) – bis zu Exotischerem – *Affenhausen* (T), *Affental* (ST). Gleich doppelt exotisch-animalisch ist *Affenberg in Haibach* (OÖ). Beim Nutzvieh scheint es vor allem in Oberösterreich ein paar geschlechtlich verwirrte Schweine zu geben, denn hier findet sich sowohl *Ebersau* als auch *Sausack*. *Füchsleins Not* gibt's in der Steiermark, vielleicht Hunger? Seltsam, denn dort gibt's auch *Ratten* ... In Niederösterreich widmet man sich gern dem *Aalfang*, am besten mit einem *Würmling*, aber es gibt dort auch *Ameis* und *Ameishaufen* sowie anderes Getier, *Kleinmotten* zum Beispiel.

Im Bereich des Pflanzlichen finden wir in Niederösterreich *Nesselstauden*, aber auch viel Gemüse wie *Karrotte*, *Großradischen*, *Kleinradischen* und Obst, etwa in *Petersbaumgarten*.

Wo vielleicht auch ein *Krummnußbaum* wächst. In Kärnten gibt es zur Ergänzung noch *Gurk* und in der Steiermark *Kohleben.*

Manche finden ja das **Landleben** in Österreich nicht so spannend. Davon zeugen jede Menge Orte mit dem Namen *Öd* oder *Oed*. So ist es *Oed in Bergen* (OÖ) und *Oed am Seichten Graben* (NÖ). Ja, sogar *Oed beim Roten Kreuz* (NÖ). Auf der Alm ist es *Melköde* (V). Lange Fußwege sind *Haxenöd* (NÖ). Nur wenige haben das Landleben und die *Einöd* (ST, NÖ) oder die *Einöde* (NÖ), egal ob *Innere Einöde* oder *Äußere Einöde* (K) *Sauggern* (NÖ). Die Meisten finden, das sei eher ein *Mistleben* (OÖ) und finden es *Sauöd* (OÖ). Um nicht zu sagen: *Hackenöd* (NÖ)*.

Manchmal scheint einem alles aber auch nur noch **paradox**: egal ob in *Großklein* oder in *Kleinklein* (ST), in *Unteroberndorf* (NÖ), in *Oberunterdorf* (NÖ, K) oder in *Oberuntersberg* (S). In *Edelschrott* (ST), auf der *Dürrfeichtenalm* (S), in *Wasserloser Bach* (OÖ) oder gar in … *Namlos* (T).

Oder man gerät ins **Schimpfen**: *Afiesl* (OÖ)! *Bullendorf* (NÖ)! *Voldöpp* (T)!

---

* Eigentlich ist Hackenöd eine Straße in der Gemeinde Aschbach-Markt, die ich hier aber anführe, weil ich den Namen gerne in meinen aktiven Sprachschatz aufnehmen möchte. Aber so sehr spannen dürfte es dort eh nicht sein, denn gleich gegenüber liegt der Hendlweg.

Besonders schön finde ich österreichische Ortsnamen, die richtig **gaga** sind wie *Gugu* (OÖ). Man denke hier an *Osterwitz* (ST), *Albern* (W, OÖ) oder *Schabernack* (ein Berg in ST). Oder an *Fuß der Leber* (ST), *Wastl am Wald* (Höhenzug, NÖ) und *Froschputzen* (T). Was *Kohlschwarz* (ST) ist, wissen wir ja alle, aber was ist *Gunglgrün* (T)?

Und dann wären gibt es noch die vielen einfach **lautmalerisch-absurden** Orte, die wie aus einem Jandl-Gedicht klingen. Hm, warum eigentlich nicht ... probieren wir's doch gleich einmal:

Knieparz (OÖ) – *Kukmirn* (B) – *Kohfidisch* (B)
Mixnitz (ST) – *Mittertrixen* (K) – *Ampflwang* (OÖ)
Untermixnix (NÖ) – *Obermixnix* (NÖ) – *Probenzing* (OÖ)
Horitschon (B) – *Nüziders* (V) – *Stockenboi* (K)
Pogmunkl (OÖ)
Blons (V)

Auch kleine literarische Gemmen und **Minidramen** lassen sich hinter so manchen Ortsnamen vermuten oder ahnen. Wie lautet wohl die Geschichte vom *Landfraß* (K)? Wer litt an *Großgier* (ST)? Wir wissen von Cafés am Graben mit Schanigarten, aber was geschah in *Tschanigraben* (B)? Oder im *Kochlöffleck* (OÖ)? Welches Ding ist ein *Allerding* (OÖ)? Wann wütete der *Wurmbrand* (NÖ)? Und hatte er was mit *Katzbrenning* (OÖ) zu tun? Oder mit *Hundbrenning* (OÖ)? Welche Textilien stellt man in *Eisgarn* (NÖ) her? Was ist so schlimm am *Miesenbach* (NÖ)? Was verbindet den *Türkensturz* (NÖ) mit dem *Maurenstutz* (V)? Wohin führt die *Reisstraße* (ST)? Und was machen Vegetarier in *Fleischessen* (NÖ)? Und gibt's dort nur *Rinderschinken* (T)? Welche Taten führten zu *Pfaffenschlag* (NÖ) und *Pfarrwerfen* (S)? War ein *Wutschein* (K) ein Anlass? Oder ein *Duel* (fünf Mal in Kärnten) oder sogar ein *Duell* (noch zwei mal)? Oder erhielt wer den *Mürzzuschlag* (ST)? Landete eine Leiche in *Mörtersdorf* (NÖ) oder im *Totermannbach* (OÖ)? Das ist ein Krimi. Oder (landschaftliche Verkleinerungsform) ein *Krimml*, ja ein *Hochkrimml*, *Unterkrimml*, *Vorderkrimml* oder gar *Oberkrimml* (S)! Andere Fragen, die noch offen bleiben, wären etwa ... Waren nach dem *Durchholzen* (T) die *Kirschentheuer* (K)? War die *Modermühl* (S) *Restfeucht* (S)? Was liegt zwischen *Oberkriech* und *Unterkriech* (OÖ), das man nur gebückt überwinden kann? Welche Fahrer fahren nach *Innerfahrafeld* (NÖ)? Was genau melkte man am *Melkochsenhof* (V)? Und wem *Dienten* (S) die Ergebnisse? Ist es sehr heiß in *Lavamünd* (K)? Gründeten Caledonier *Schottwien* (NÖ)? Was geschah in *Vierzehn* (OÖ) oder gar in *Bösenneunzen* (NÖ)? Und was ist der *Ursprung* (NÖ) von all dem? Tja, *Kainrathschlag* (NÖ) hilft da weiter. Aber all diese ungeschriebenen Geschichten ergäben sicher einen ganzen *Wörthersee* (K), ja sogar *Wörterberg* (B).

PS: Haben Sie keine Geduld für fantasievolle Spinnereien, dann gehen Sie besser nach Hause fernsehen. Schalten sie das *Bildein* (B), es läuft sicher etwas Unterhaltsames auf *Satteins* (V).

Manche Namen österreichischer Orte sind einfach **schön**, ja fast kitschig. So wie *Tausendblum* (NÖ), *Edelprinz* (NÖ) oder *Zaubertal* (OÖ). Ich persönlich finde aber andere Namen noch viel schöner. Etwa *St. Veit in der Gegend* (ST). Oder auch *Meiselding* (K).

Eine Nähe zum **Göttlichen** findet sich vor allem in Salzburg und Oberösterreich. In beiden Bundesländern liegt ein *Himmelreich* (S, OÖ). Das *Paradies* aber ist in der Steiermark. *Christkindl* findet man wiederum in Oberösterreich, in der Nähe von *Unterhimmel* (NÖ). Aber auch die *Hölle* und *Teufelsbach* sind dort nicht weit! Egal jedenfalls, ob man mehr dem *Diesseits* oder dem *Jenseits* zugewandt ist, beides findet sich in St. Martin im Innkreis (OÖ).

Zum Schluss noch etwas **Technik**. Dass *Eisenerz* (ST) Eisenerz heißt, fällt einem als Österreicher ja kaum auf. Bei *Chromwerk* (ST) oder *IBM* (OÖ) gehen schon eher die Augenbrauen hoch. (In Letzterem gibt es auch ein Strandbad *Ibm*.) Aber der eigentliche Grund, warum ich gerade die Technik an die letzte Stelle der seltsamen Ortsnamen gestellt habe, ist, dass ich den Ort, der das ganze Kapitel inspiriert hat, noch gar nicht erwähnt habe. Nach all dem assoziativen Irrsinn mag er jetzt vielleicht nicht mehr so besonders schlimm rüberkommen, für sich genommen aber gehört er schon zu den Topfavoriten. Es geht um *Feuerwerksanstalt*, einen Ortsteil von Wöllersdorf (NÖ). Ohne jetzt in allzu viele Details gehen zu wollen, der Name hat mit den sogenannten Wöllersdorfer Werken zu tun, eine Fabriksansiedlung zwischen Wiener Neustadt, Bad Fischau und Wöllersdorf. In der Kaiserzeit befand sich dort eine große Munitionsfabrik, was der Gegend auch die euphemistischen Spitznamen „Raketendörfl" und „Feuerwerksanstalt" bescherte. Letzterer lebt heute eben noch als Name eines Ortsteils. Es gibt sogar eine eigene Bahnstation *Feuerwerksanstalt*, die in der Zeit des Ersten Weltkriegs einiges an Bedeutung hatte. Aber das ist eine andere Geschichte, die ein andermal berichtet werden soll.

Eine andere Geschichte bin ich jedenfalls noch schuldig. Nämlich die um den *Arschlochwinkel* (OÖ) im Dachsteingebirge. Tatsächlich wird eine Stelle dort so bezeichnet und es gibt auch noch (Wander-)Karten, in denen der Winkel als solcher eingezeichnet ist. Da ich diese Story ursprünglich aus der ORF-TV-Sendung „Was gibt es Neues?" habe, hier auch der Original-Erklärungstext: „Ende des 19. Jahrhunderts kamen erstmals Landvermesser der K.u.k.-Monarchie in das Dachsteingebiet, um es zu kartographisieren [sic!]. Zu diesem Zweck erkundigten sie sich bei den örtlichen Bauern ständig nach den Namen von geographisch markanten Punkten. Die meisten hatten aber überhaupt keine Namen. Die Fragerei ging den Einheimischen daher schon bald dermaßen auf die Nerven, dass sie sich einen Spaß daraus machten, Namen zu erfinden. Namen, die die arglosen Landvermesser ungeprüft akzeptierten. So entstanden unter anderem der ‚Arschlochwinkel' südlich des Hallstättersees."

Leider ist es mir trotz intensiver Suche noch nicht gelungen, andere Beispiele dieser erfundener Namen zu ergründen. Aber vielleicht weiß da ja einer meiner Leser, Stichwort „Crowd Sourcing", mehr? Falls ja, bitte ich um sachdienliche Hinweise.

Damit beschließe ich diese Tour de Force durch Österreichs narrative Ortsnamen mit einer Danksagung: Denn viele der Orte und einige (wenige) Ideen habe ich einem Der-Standard-Online-Diskussionsforum zum selben Thema entnommen. Wer seinen Beitrag wiedererkennt, fühle sich hiermit herzlich bedankt!

Ewige Zweite

Österreichs zweithöchster Berg:
Wildspitze, 3.768 M. ü. A.

Österreichs zweitgrößter See:
(abgesehen von Bodensee und Neusiedlersee)
Traunsee, 24,5 km²

Österreichs zweittiefster See:
(abgesehen vom Bodensee)
Attersee, 171 m

Österreichs zweitgrößter Gletscher:
Gepatschferner, 16,6 km²

Österreichs zweitlängste Autobahn:
A1 Westautobahn, 292 km

Österreichs zweitlängste Schnellstraße:
S16 Arlberg Schnellstraße, 62 km

Österreichs zweitlängster Straßentunnel:
Plabutschtunnel (A9), 10.085 km

Österreichs zweitlängster Bahntunnel:
Terfnertunnel, 15.840 km

Österreichs zweithöchste Brücke:
Talübergang Lavant, 165 m

Österreichs zweitlängste Brücke:
Europabrücke, 820 m

Die zweitgrößte Stadt Niederösterreichs (nach Einwohnern):
Wiener Neustadt, 52.145

Die zweitgrößte Stadt Oberösterreichs (nach Einwohnern):
Wels, 59.339

Die zweitgrößte Stadt Salzburgs (nach Einwohnern):
Hallein, 20.378

Die zweitgrößte Stadt Vorarlbergs (nach Einwohnern):
Feldkirch, 31.428

Die zweitgrößte Stadt Tirols (nach Einwohnern):
Kufstein, 18.215

Die zweitgrößte Stadt Kärntens (nach Einwohnern):
Villach, 60.004

Die zweitgrößte Stadt der Steiermark (nach Einwohnern):
Leoben, 24.466

Die zweitgrößte Stadt des Burgenlands (nach Einwohnern):
Neusiedl am See, 7.488

Der zweitgrößte Bezirk Wiens (nach Einwohnern):
Donaustadt, 168.394

𝕶uriose Österreicher

ISBN 978-99300-139-1
228 Seiten, € 19,90

METROVERLAG

Kurioses Wien

ISBN 978-99300-000-4
160 Seiten, € 19,90

ISBN 978-99300-201-5
192 Seiten, € 19,90

METROVERLAG

MIT FREUNDLICHER UNTERSTÜTZUNG:

Kulturabteilung der Stadt Wien, MA7 –
Wissenschafts- und Forschungsförderung

© 2015 METROVERLAG
Verlagsbüro W. GmbH
www.metroverlag.at
Alle Rechte vorbehalten
Printed in the EU
ISBN 978-3-99300-211-4